TRAITÉ DE PAIX

signé à Paris le 30 mars 1856

ENTRE

LA SARDAIGNE.

L'AUTRICHE, LA FRANCE, LE ROYAUME UNI
DE LA GRANDE BRETAGNE ET D'IRLANDE, LA PRUSSE,
LA RUSSIE, ET LA TURQUIE

avec

LES CONVENTIONS QUI EN FONT PARTIE,
LES PROTOCOLES DE LA CONFÉRENCE ET LA DÉCLARATION
SUR LES DROITS MARITIMES EN TEMPS DE GUERRE

TURIN

IMPRIMERIE ROYALE

1856

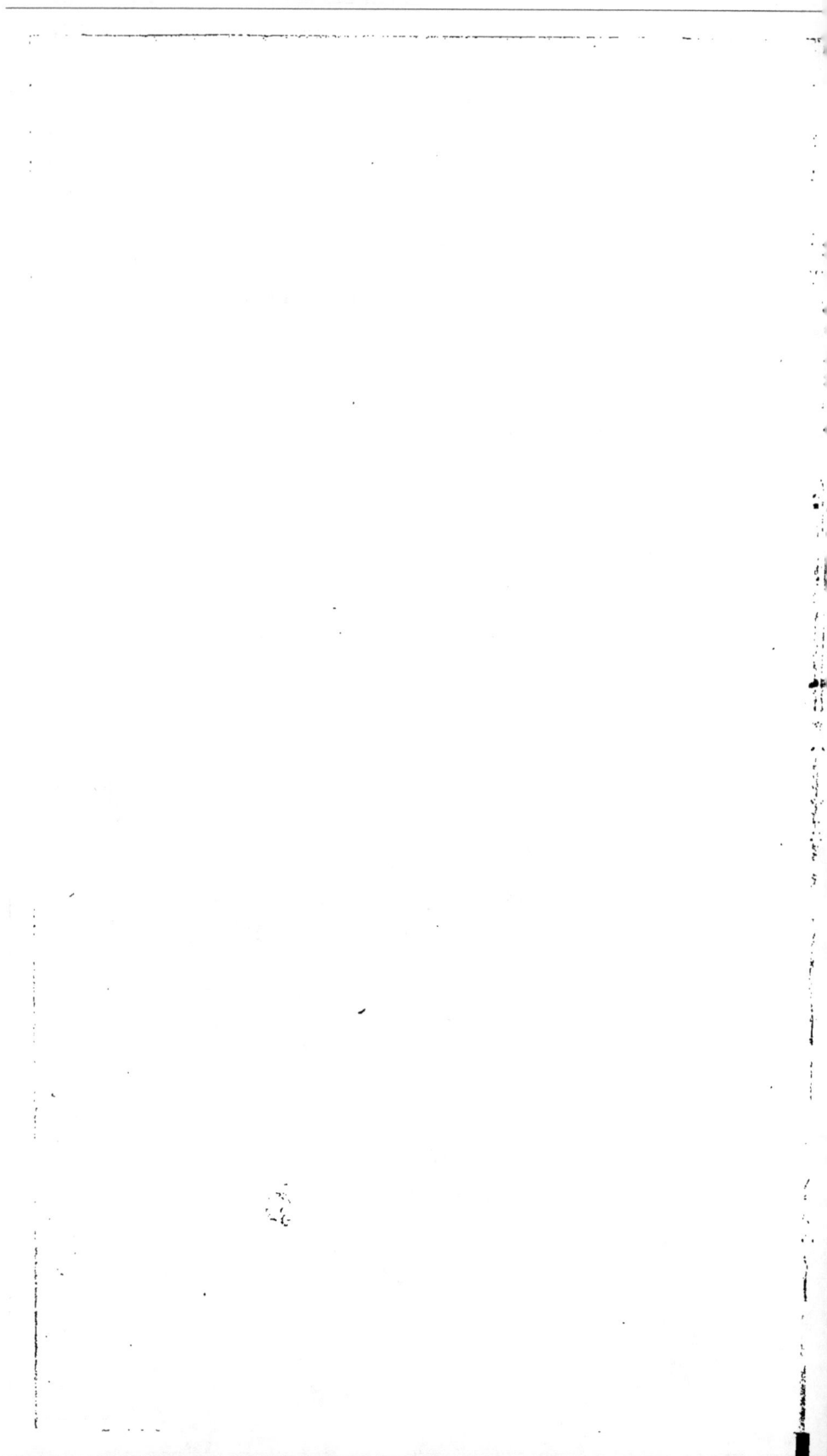

VICTOR EMMANUEL II

PAR LA GRACE DE DIEU

ROI DE SARDAIGNE, DE CHYPRE ET DE JÉRUSALEM;

DUC DE SAVOIE, DE GÈNES, ETC. ETC.;

PRINCE DE PIÉMONT, ETC. ETC. ETC.

A tous ceux qui les présentes lettres verront, salut :

Un Traité de paix et d'amitié suivi d'un Article additionnel et transitoire, et de trois Conventions annexes, ayant été conclu à Paris le trentième jour du mois de mars de l'an mil-huit-cent-cinquante-six, entre la Sardaigne, l'Autriche, la France, le Royaume–Uni de la Grande Bretagne et d'Irlande, la Prusse, la Russie et la Turquie,

Traité, Article additionnel et transitoire, et Conventions annexes, dont la teneur suit :

AU NOM DE DIEU TOUT-PUISSANT :

Leurs Majestés le Roi de Sardaigne, l'Empereur des Français, la Reine du Royaume-Uni de la Grande Bretagne et d'Irlande, l'Empereur de toutes les Russies et l'Empereur des Ottomans, animées du désir de mettre un terme aux calamités de la guerre, et voulant prévenir le retour des complications qui l'ont fait naître, ont résolu de s'entendre avec Sa Majesté l'Empereur d'Autriche sur les bases à donner au rétablissement et à la consolidation de la paix, en assurant, par des garanties efficaces et réciproques, l'indépendance et l'intégrité de l'Empire Ottoman.

A cet effet, Leurs dites Majestés ont nommé pour Leurs Plénipotentiaires, savoir:

Sa Majesté le Roi de Sardaigne, le Sieur Camille Benso, Comte de Cavour, Grand'Croix de l'Ordre des Saints Maurice et Lazare, Chevalier de l'Ordre du Mérite Civil de Savoie, Grand' Croix de l'Ordre Impérial de la Légion d'Honneur, décoré de l'Ordre Impérial du Médjidié de première classe, Grand' Croix de plusieurs autres Ordres étrangers, Président du Conseil des Ministres et Son Ministre Secrétaire d'État pour les Finances,

et le Sieur Salvator Marquis De Villamarina, Grand' Croix de l'Ordre des Saints Maurice et Lazare, Grand-Officier de l'Ordre Impérial de la Légion d'Honneur, etc., etc., etc., Son Envoyé extraordinaire et Ministre plénipotentiaire à la Cour de France;

Sa Majesté l'Empereur d'Autriche, le Sieur Charles-Ferdinand, Comte de Buol-Schauenstein, Grand' Croix de l'Ordre Impérial de Léopold d'Autriche, Chevalier de l'Ordre de la Couronne de fer de première classe, Grand' Croix de l'Ordre Impérial de la Légion d'Honneur, Chevalier des Ordres de l'Aigle noir et de l'Aigle rouge de Prusse, Grand' Croix des Ordres Impériaux d'Alexandre Newski (en brillants), et de l'Aigle blanc de Russie, Grand' Croix de l'Ordre de Saint Jean de Jérusalem, décoré de l'Ordre Impérial du Médjidié de première classe, etc., etc., etc., Son Chambellan et Conseiller intime actuel, Son Ministre de la Maison et des Affaires Étrangères, Président de la Conférence des Ministres,

et le Sieur Joseph-Alexandre Baron de Hübner, Grand' Croix de l'Ordre Impérial de la Couronne de fer, Grand-Officier de l'Ordre Impérial de la Légion d'Honneur, Son Conseiller intime actuel et Son Envoyé extraordinaire et Ministre plénipotentiaire à la Cour de France;

Sa Majesté l'Empereur des Français, le Sieur Alexandre Comte Colonna Walewski, Sénateur de l'Empire, Grand-Officier de l'Ordre Impérial de la Légion d'Honneur, Chevalier Grand' Croix de l'Ordre équestre des Séraphins, Grand' Croix de l'Ordre des Saints Maurice et Lazare, décoré de l'Ordre Impérial du Médjidié de première classe, etc., etc., etc., Son Ministre et Secrétaire d'État au Département des Affaires Étrangères,

et le Sieur François-Adolphe Baron de Bourqueney, Grand' Croix de l'Ordre Impérial de la Légion d'Honneur et de l'Ordre de Léopold d'Autriche, décoré du portrait du Sultan en diamants, etc., etc., etc., Son Envoyé extraordinaire et Ministre plénipotentiaire près Sa Majesté Impériale et Royale Apostolique;

Sa Majesté la Reine du Royaume-Uni de la Grande Bretagne et d'Irlande, le très-honorable George-Guillaume-Frédéric Comte De Clarendon, Baron Hyde de Hindon, Pair du Royaume-Uni, Conseiller de Sa Majesté Britannique en Son Conseil

privé, Chevalier du très-noble Ordre de la Jarre-
tière, Chevalier Grand' Croix du très-honorable
Ordre du Bain, Principal Secrétaire d'État de Sa
Majesté pour les Affaires Étrangères,

et le très-honorable Henri-Richard-Charles Baron
Cowley, Pair du Royaume-Uni, Conseiller de Sa
Majesté en Son Conseil privé, Chevalier Grand'
Croix du très-honorable Ordre du Bain, Ambassa-
deur extraordinaire et plénipotentiaire de Sa Majesté
près Sa Majesté l'Empereur des Français;

Sa Majesté l'Empereur de toutes les Russies,
le Sieur Alexis Comte Orloff, Son Aide-de-camp
général et Général de Cavalerie, Commandant
du quartier général de Sa Majesté, Membre du
Conseil de l'Empire et du Comité des Ministres, décoré des deux portraits en diamants de Leurs
Majestés feu l'Empereur Nicolas et l'Empereur
Alexandre II, Chevalier de l'Ordre de Saint-André
en diamants et des Ordres de Russie, Grand'Croix
de l'Ordre de Saint-Étienne d'Autriche de première
classe, de l'Aigle noir de Prusse en diamants, de
l'Annonciade de Sardaigne et de plusieurs autres
Ordres étrangers,

et le Sieur Philippe Baron de Brunnow, Son Conseiller privé, Son Envoyé extraordinaire et Ministre
plénipotentiaire près la Confédération Germanique
et près S. A. R. le Grand Duc de Hesse, Chevalier
de l'Ordre de Saint-Wladimir de première classe,
de Saint-Alexandre Newski enrichi de diamants, de
l'Aigle blanc, de Sainte-Anne de première classe, de
Saint-Stanislas de première classe, Grand'Croix de
l'Ordre de l'Aigle rouge de Prusse de première

classe, Commandeur de l'Ordre de Saint-Étienne d'Autriche et de plusieurs autres Ordres étrangers;

Et Sa Majesté l'Empereur des Ottomans, Mouhammed-Emin-Aali Pacha, Grand Vezir de l'Empire Ottoman, décoré des Ordres Impériaux du Médjidié et du Mérite de première classe, Grand'Croix de l'Ordre Impérial de la Légion d'Honneur, de Saint-Étienne d'Autriche, de l'Aigle rouge de Prusse, de Sainte-Anne de Russie, des Saints Maurice et Lazare de Sardaigne, de l'Étoile polaire de Suède et de plusieurs autres Ordres étrangers,

et Mehemmed - Djémil Bey, décoré de l'Ordre Impérial du Médjidié de seconde classe et Grand' Croix de l'Ordre des Saints Maurice et Lazare, Son Ambassadeur extraordinaire et plénipotentiaire près Sa Majesté l'Empereur des Français, accrédité en la même qualité près Sa Majesté le Roi de Sardaigne;

Lesquels se sont réunis en Congrès à Paris.

L'entente ayant été heureusement établie entre eux, Leurs Majestés le Roi de Sardaigne, l'Empereur d'Autriche, l'Empereur des Français, la Reine du Royaume-Uni de la Grande Bretagne et d'Irlande, l'Empereur de toutes les Russies et l'Empereur des Ottomans, considérant que, dans un intérêt Européen, Sa Majesté le Roi de Prusse, Signataire de la Convention du treize juillet mil-huit-cent-quarante-un, devait être appelée à participer aux nouveaux arrangements à prendre, et appréciant la valeur qu'ajouterait à une œuvre de pacification générale le concours de Sa dite Majesté, l'ont invitée à envoyer des Plénipotentiaires au Congrès.

En conséquence Sa Majesté le Roi de Prusse a nommé pour ses Plénipotentiaires, savoir :

Le Sieur Othon Théodore Baron de Manteuffel, Président de Son Conseil et Son Ministre des Affaires Étrangères, Chevalier de l'Ordre de l'Aigle rouge de Prusse, première classe, avec feuilles de chêne, couronne et sceptre; Grand Commandeur de l'Ordre de Hohenzollern, Chevalier de l'Ordre de Saint-Jean de Prusse, Grand'Croix de l'Ordre de Saint-Étienne de Hongrie, Chevalier de l'Ordre de Saint-Alexandre Newski, Grand'Croix de l'Ordre des Saints Maurice et Lazare et de l'Ordre du Nichan Iftihar de Turquie etc., etc., etc.

et le Sieur Maximilien Frédéric Charles François Comte de Hatzfeldt-Wildenbourg-Schoenstein, Son Conseiller privé actuel et Son Envoyé extraordinaire et Ministre plénipotentiaire à la Cour de France, Chevalier de l'Ordre de l'Aigle rouge de Prusse, seconde classe, avec feuilles de chêne et plaque, Chevalier de la Croix d'Honneur de Hohenzollern, première classe, etc., etc., etc.

Les Plénipotentiaires, après avoir échangé leurs pleins pouvoirs trouvés en bonne et due forme, sont convenus des articles suivants.

Art. 1.

Il y aura, à dater du jour de l'échange des ratifications du présent Traité, paix et amitié entre Sa Majesté le Roi de Sardaigne, Sa Majesté l'Empereur des Français, Sa Majesté la Reine du Royaume-Uni de la Grande Bretagne et d'Irlande, Sa Majesté Impériale le Sultan d'une part, et Sa Majesté l'Empereur de toutes les Russies, de l'autre part, ainsi qu'entre Leurs Héritiers et Successeurs, Leurs États et Sujets respectifs, à perpétuité.

Art. 2.

La paix étant heureusement rétablie entre Leurs dites Majestés, les territoires conquis ou occupés par Leurs Armées, pendant la guerre, seront réciproquement évacués.

Des arrangements spéciaux régleront le mode de l'évacuation qui devra être aussi prompte que faire se pourra.

Art. 3.

Sa Majesté l'Empereur de toutes les Russies s'engage à restituer à Sa Majesté le Sultan la ville et citadelle de Kars, aussi bien que les autres parties du territoire ottoman, dont les Troupes Russes se trouvent en possession.

Art. 4.

Leurs Majestés l'Empereur des Français, la Reine du Royaume-Uni de la Grande Bretagne et d'Irlande, le Roi de Sardaigne et le Sultan s'engagent à restituer à Sa Majesté l'Empereur de toutes les Russies les villes et ports de Sévastopol, Balaklava, Kamiesch, Eupatoria, Kertch, Jenikaleh, Kinburn, ainsi que tous autres territoires occupés par les Troupes Alliées.

Art. 5.

Leurs Majestés l'Empereur des Français, la Reine du Royaume-Uni de la Grande Bretagne et d'Irlande, l'Empereur de toutes les Russies, le Roi de Sardaigne et le Sultan accordent une amnistie pleine et entière à ceux de leurs Sujets qui auraient été compromis par une participation quelconque aux évènements de la guerre en faveur de la cause ennemie.

Il est expressément entendu que cette amnistie s'étendra aux Sujets de chacune des Parties belligérantes, qui auraient continué, pendant la guerre, à être employés dans le service de l'un des autres belligérants.

Art. 6.

Les prisonniers de guerre seront immédiatement rendus de part et d'autre.

Art. 7.

Sa Majesté le Roi de Sardaigne, Sa Majesté l'Empereur d'Autriche, Sa Majesté l'Empereur des Français, Sa Majesté la Reine du Royaume-Uni de la Grande Bretagne et d'Irlande, Sa Majesté le Roi de Prusse et Sa Majesté l'Empereur de toutes les Russies déclarent la Sublime Porte admise à participer aux avantages du droit public et du concert européens. Leurs Majestés s'engagent, chacune de son côté, à respecter l'indépendance et l'intégrité territoriale de l'Empire Ottoman, garantissent, en commun, la stricte observation de cet engagement, et considéreront, en conséquence, tout acte de nature à y porter atteinte, comme une question d'intérêt général.

Art. 8.

S'il survenait entre la Sublime Porte et l'une ou plusieurs des autres Puissances signataires un dissentiment qui menaçât le maintien de leurs relations, la Sublime Porte et chacune de ces Puissances, avant de recourir à l'emploi de la force, mettront les autres Parties contractantes en mesure

de prévenir cette extrémité par leur action médiatrice.

Art. 9.

Sa Majesté Impériale le Sultan, dans sa constante
sollicitude pour le bien être de ses Sujets, ayant
octroyé un firman, qui, en améliorant leur sort,
sans distinction de religion ni de race, consacre
ses généreuses intentions envers les populations Chrétiennes de son Empire ; et voulant donner un nouveau
témoignage de ses sentiments à cet égard, a résolu
de communiquer aux Puissances contractantes ledit firman, spontanément émané de sa volonté
souveraine.

Les Puissances contractantes constatent la haute
valeur de cette communication. Il est bien entendu
qu'elle ne saurait, en aucun cas, donner le droit
aux dites Puissances de s'immiscer, soit collectivement, soit séparément, dans les rapports de Sa
Majesté le Sultan avec ses Sujets, ni dans l'administration intérieure de son Empire.

Art. 10.

La Convention du treize juillet mil-huit-cent-quarante-un, qui maintient l'antique règle de l'Empire
Ottoman relative à la clôture des détroits du Bosphore et des Dardanelles, a été revisée d'un commun accord.

L'acte conclu à cet effet et conformément à ce
principe, entre les Hautes Parties contractantes, est
et demeure annexé au présent Traité, et aura même
force et valeur que s'il en faisait partie intégrante.

Art. 11.

La Mer Noire est neutralisée : ouverts à la marine

marchande de toutes les Nations, ses eaux et ses ports sont, formellement et à perpétuité, interdits au pavillon de guerre soit des Puissances riveraines, soit de toute autre Puissance, sauf les exceptions mentionnées aux articles 14 et 19 du présent Traité.

Art. 12.

Libre de toute entrave, le commerce, dans les ports et dans les eaux de la Mer Noire, ne sera assujetti qu'à des réglements de santé, de douane, de police, conçus dans un esprit favorable au développement des transactions commerciales.

Pour donner aux intérêts commerciaux et maritimes de toutes les Nations la sécurité désirable, la Russie et la Sublime Porte admettront des Consuls dans leurs ports situés sur le littoral de la Mer Noire, conformément aux principes du droit international.

Art. 13.

La Mer Noire étant neutralisée, aux termes de l'article 11, le maintien ou l'établissement sur son littoral d'arsenaux militaires-maritimes devient sans nécessité comme sans objet. En conséquence Sa Majesté l'Empereur de toutes les Russies et Sa Majesté Impériale le Sultan s'engagent à n'élever et à ne conserver sur ce littoral aucun arsenal militaire-maritime.

Art. 14.

Leurs Majestés l'Empereur de toutes les Russies et le Sultan ayant conclu une Convention à l'effet de déterminer la force et le nombre des bâtiments légers nécessaires au service de leurs côtes, qu' Elles se réservent d'entretenir dans la Mer Noire, cette

Convention est annexée au présent Traité, et aura même force et valeur que si elle en faisait partie intégrante. Elle ne pourra être ni annulée ni modifiée sans l'assentiment des Puissances signataires du présent Traité.

Art. 15.

L'acte du Congrès de Vienne ayant établi les principes destinés à régler la navigation des fleuves qui séparent ou traversent plusieurs États, les Puissances contractantes stipulent entre Elles, qu'à l'avenir ces principes seront également appliqués au Danube et à ses embouchures. Elles déclarent que cette disposition fait, désormais, partie du droit public de l'Europe, et la prennent sous leur garantie.

La navigation du Danube ne pourra être assujettie à aucune entrave ni redevance qui ne serait pas expressément prévue par les stipulations contenues dans les articles suivants. En conséquence il ne sera perçu aucun péage basé uniquement sur le fait de la navigation du fleuve, ni aucun droit sur les marchandises qui se trouvent à bord des navires. Les réglements de police et de quarantaine à établir pour la sûreté des États séparés ou traversés par ce fleuve seront conçus de manière à favoriser, autant que faire se pourra, la circulation des navires. Sauf ces réglements il ne sera apporté aucun obstacle, quelqu'il soit, à la libre navigation.

Art. 16.

Dans le but de réaliser les dispositions de l'article précédent, une Commission, dans laquelle la Sardaigne, l'Autriche, la France, la Grande Bretagne, la Prusse, la Russie et la Turquie seront,

chacune, représentées par un Délégué, sera chargée
de désigner et de faire exécuter les travaux nécessaires, depuis Isatcha, pour dégager les embouchures du Danube, ainsi que les parties de la mer
y avoisinantes, des sables et autres obstacles qui
les obstruent, afin de mettre cette partie du fleuve
et lesdites parties de la mer dans les meilleures
conditions possibles de navigabilité.

Pour couvrir les frais de ces travaux ainsi que
des établissements, ayant pour objet d'assurer et
de faciliter la navigation aux bouches du Danube,
des droits fixes d'un taux convenable, arrêtés par
la Commission à la majorité des voix, pourront être
prélevés à la condition expresse que, sous ce rapport comme sous tous les autres, les pavillons de
toutes les Nations seront traités sur le pied d'une
parfaite égalité.

Art. 17.

Une Commission sera établie et se composera
des Délégués de l'Autriche, de la Bavière, de la
Sublime Porte et du Wurtemberg (un pour chacune de ces Puissances) auxquels se réuniront les
Commissaires des trois Principautés danubiennes
dont la nomination aura été approuvée par la Porte.
Cette Commission qui sera permanente: 1° élaborera les règlements de navigation et de police fluviale; 2° fera disparaître les entraves, de quelque
nature qu'elles puissent être, qui s'opposent encore
à l'application au Danube des dispositions du Traité
de Vienne; 3° ordonnera et fera exécuter les travaux nécessaires sur tout le parcours du fleuve; et
4° veillera, après la dissolution de la Commission

européenne, au maintien de la navigabilité des embouchures du Danube et des parties de la mer y avoisinantes.

Art. 18.

Il est entendu que la Commission européenne aura rempli sa tâche et que la Commission riveraine aura terminé les travaux désignés dans l'article précédent, sous les numéros 1° et 2°, dans l'espace de deux ans. Les Puissances signataires réunies en conférence, informées de ce fait, prononceront, après en avoir pris acte, la dissolution de la Commission européenne; et, dès lors, la Commission riveraine permanente jouira des mêmes pouvoirs que ceux dont la Commission européenne aura été investie jusqu'alors.

Art. 19.

Afin d'assurer l'exécution des réglements qui auront été arrêtés d'un commun accord d'après les principes ci-dessus énoncés, chacune des Puissances contractantes aura le droit de faire stationner, en tout temps, deux bâtiments légers aux embouchures du Danube.

Art. 20.

En échange des villes, ports et territoires énumérés dans l'article 4 du présent Traité, et pour mieux assurer la liberté de la navigation du Danube, Sa Majesté l'Empereur de toutes les Russies consent à la rectification de sa frontière en Bessarabie.

La nouvelle frontière partira de la Mer Noire, à un kilomètre à l'Est du lac Bourna-Sola, rejoindra perpendiculairement la route d'Akerman, suivra cette route jusqu'au Val de Trajan, passera au Sud de Bolgrad, remontera le long de la rivière de Yalpuck jusqu'à la hauteur de Saratsika, et ira aboutir à Katamori sur le Pruth. En amont de ce point, l'ancienne frontière entre les deux Empires, ne subira aucune modification.

Des Délégués des Puissances contractantes fixeront, dans ses détails, le tracé de la nouvelle frontière.

Art. 21.

Le territoire cédé par la Russie sera annexé à la Principauté de Moldavie, sous la suzeraineté de la Sublime Porte.

Les habitants de ce territoire jouiront des droits et priviléges assurés aux Principautés, et pendant l'espace de trois années, il leur sera permis de transporter ailleurs leur domicile, en disposant librement de leurs propriétés.

Art. 22.

Les Principautés de Valachie et de Moldavie continueront à jouir, sous la suzeraineté de la Porte et sous la garantie des Puissances contractantes, des priviléges et des immunités dont Elles sont en possession. Aucune protection exclusive ne sera exercée sur Elles par une des Puissances garantes. Il n'y aura aucun droit particulier d'ingérence dans leurs affaires intérieures.

Art. 23.

La Sublime Porte s'engage à conserver aux dites Principautés une administration indépendante et nationale, ainsi que la pleine liberté de culte, de législation, de commerce et de navigation.

Les lois et statuts, aujourd'hui en vigueur, seront révisés. Pour établir un complet accord sur cette révision, une Commission spéciale, sur la composition de laquelle les Hautes Puissances contractantes s'entendront, se réunira, sans délai, à Buckarest, avec un Commissaire de la Sublime Porte.

Cette Commission aura pour tâche de s'enquérir de l'état actuel des Principautés et de proposer les bases de leur future organisation.

Art. 24.

Sa Majesté le Sultan promet de convoquer immédiatement, dans chacune des deux Provinces, un Divan *ad hoc*, composé de manière à constituer la représentation la plus exacte des intérêts de toutes les classes de la société. Ces Divans seront appelés à exprimer les vœux des populations relativement à l'organisation définitive des Principautés.

Une instruction du Congrès réglera les rapports de la Commission avec ces Divans.

Art. 25.

Prenant en considération l'opinion émise par les deux Divans, la Commission transmettra sans retard au siége actuel des conférences, le résultat de son propre travail.

L'entente finale avec la Puissance suzeraine, sera consacrée par une Convention conclue à Paris entre les Hautes Parties contractantes; et un Hatti-scheriff, conforme aux stipulations de la Convention, consti-

tuera définitivement l'organisation de ces Provinces, placée désormais sous la garantie collective de toutes les Puissances signataires.

Art. 26.

Il est convenu qu'il y aura dans les Principautés une force armée nationale, organisée dans le but de maintenir la sûreté de l'intérieur et d'assurer celle des frontières. Aucune entrave ne pourra être apportée aux mesures extraordinaires de défense que, d'accord avec la Sublime Porte, elles seraient appelées à prendre pour repousser toute agression étrangère.

Art. 27.

Si le repos intérieur des Principautés se trouvait menacé ou compromis, la Sublime Porte s'entendra avec les autres Puissances contractantes sur les mesures à prendre pour maintenir ou rétablir l'ordre légal. Une intervention armée ne pourra avoir lieu sans un accord préalable entre ces Puissances.

Art. 28.

La Principauté de Servie continuera à relever de la Sublime Porte, conformément aux Hats Impériaux, qui fixent et déterminent ses droits et immunités placés, désormais, sous la garantie collective des Puissances contractantes.

En conséquence ladite Principauté conservera son administration indépendante et nationale ainsi que la pleine liberté de culte, de législation, de commerce et de navigation.

Art. 29.

Le droit de garnison de la Sublime Porte, tel qu'il se trouve stipulé par les réglements antérieurs, est maintenu. Aucune intervention armée ne pourra avoir lieu en Servie, sans un accord préalable entre les Hautes Puissances contractantes.

Art. 3o.

Sa Majesté l'Empereur de toutes les Russies et Sa Majesté le Sultan maintiennent dans son intégrité l'état de leurs possessions en Asie, tel qu'il existait légalement avant la rupture.

Pour prévenir toute contestation locale le tracé de la frontière sera vérifié et, s'il y a lieu, rectifié, sans qu'il puisse en résulter un préjudice territorial pour l'une ou l'autre des deux Parties.

A cet effet une Commission mixte, composée de deux Commissaires russes, de deux Commissaires ottomans, d'un Commissaire français et d'un Commissaire anglais sera envoyée sur les lieux immédiatement après le rétablissement des relations diplomatiques entre la Cour de Russie et la Sublime Porte. Son travail devra être terminé dans l'espace de huit mois, à dater de l'échange des ratifications du présent Traité.

Art. 31.

Les territoires occupés pendant la guerre par les troupes de Leurs Majestés le Roi de Sardaigne, l'Empereur d'Autriche, l'Empereur des Français et la Reine du Royaume-Uni de la Grande Bretagne et d'Irlande, aux termes des conventions, signées à Constantinople, le douze mars mil-huit-cent-cinquante-quatre entre la France, la Grande Bretagne et la Sublime Porte; le quatorze juin de la même année entre l'Autriche et la Sublime Porte; et le quinze mars mil-huit-cent-cinquante-cinq entre la Sardaigne et la Sublime Porte, seront évacués après l'échange des ratifications du présent Traité, aussitôt que faire se pourra.

Les délais et les moyens d'exécution feront l'objet d'un arrangement entre la Sublime Porte et les Puissances dont les troupes ont occupé son territoire.

Art. 32.

Jusqu'à ce que les Traités ou Conventions qui existaient avant la guerre entre les Puissances belligérantes aient été ou renouvelés ou remplacés par des actes nouveaux, le commerce d'importation ou d'exportation aura lieu réciproquement sur le pied des réglements en vigueur avant la guerre; et leurs sujets en toute autre matière, seront respectivement traités sur le pied de la Nation la plus favorisée.

Art. 33.

La Convention conclue en ce jour entre Leurs Majestés l'Empereur des Français, la Reine du Royaume-Uni de la Grande Bretagne et d'Irlande d'une part, et Sa Majesté l'Empereur de toutes les Russies de l'autre part, relativement aux Iles d'Aland, est et demeure annexée au présent Traité, et aura même force et valeur que si elle en faisait partie.

Art. 34.

Le présent Traité sera ratifié et les ratifications en seront échangées à Paris dans l'espace de quatre semaines ou plus tôt, si faire se peut.

En foi de quoi les Plénipotentiaires respectifs l'ont signé et y ont apposé le sceau de leurs armes.

Fait à Paris, le trentième jour du mois de mars de l'an mil-huit-cent-cinquante-six.

(*L. S.*) C. Cavour.
(*L. S.*) De Villamarina.
(*L. S.*) Buol Schauenstein.
(*L. S.*) Hübner.
(*L. S.*) A. Walewski.
(*L. S.*) Bourqueney.
(*L. S.*) Clarendon.
(*L. S.*) Cowley.
(*L. S.*) Manteuffel.
(*L. S.*) Hatzfeldt.
(*L. S.*) Orloff.
(*L. S.*) Brunnow.
(*L. S.*) Aali.
(*L. S.*) Mehemmed Djémil.

Article additionnel et transitoire.

Les stipulations de la Convention des Détroits signée en ce jour, ne seront pas applicables aux bâtiments de guerre employés par les Puissances belligérantes, pour l'évacuation par mer, des territoires occupés par leurs armées; mais lesdites

stipulations reprendront leur entier effet, aussitôt
que l'évacuation sera terminée.

Fait à Paris, le trentième jour du mois de mars
de l'an mil-huit-cent-cinquante-six.

(*L. S.*) C. CAVOUR.
(*L. S.*) DE VILLAMARINA.
(*L. S.*) BUOL SCHAUENSTEIN.
(*L. S.*) HÜBNER.
(*L. S.*) A. WALEWSKI.
(*L. S.*) BOURQUENEY.
(*L. S.*) CLARENDON.
(*L. S.*) COWLEY.
(*L. S.*) MANTEUFFEL.
(*L. S.*) HATZFELDT.
(*L. S.*) ORLOFF.
(*L. S.*) BRUNNOW.
(*L. S.*) AALI.
(*L. S.*) MEHEMMED DJÉMIL.

AU NOM DE DIEU TOUT-PUISSANT :

Leurs Majestés l'Empereur d'Autriche, l'Empereur des Français, la Reine du Royaume-Uni de
la Grande Bretagne et d'Irlande, le Roi de Prusse,
l'Empereur de toutes les Russies, signataires de la
Convention du treize juillet mil-huit-cent-quarante-un,
et Sa Majesté le Roi de Sardaigne, voulant constater
en commun leur détermination unanime de se conformer à l'ancienne règle de l'Empire Ottoman, d'après
laquelle les détroits des Dardanelles et du Bosphore

sont fermés aux bâtiments de guerre étrangers, tant que la Porte se trouve en paix :

Lesdites Majestés d'une part, et Sa Majesté le Sultan de l'autre, ont résolu de renouveler la Convention, conclue à Londres, le treize juillet mil-huit-cent-quarante-un, sauf quelques modifications de détail qui ne portent aucune atteinte au principe sur lequel elle repose;

En conséquence, Leurs dites Majestés ont nommé à cet effet pour leurs Plénipotentiaires, savoir :

Sa Majesté le Roi de Sardaigne, le Sieur Camille Benso, Comte de Cavour, Grand'Croix de l'Ordre des Saints Maurice et Lazare, Chevalier de l'Ordre du Mérite Civil de Savoie, Grand'Croix de l'Ordre Impérial de la Légion d'Honneur, décoré de l'Ordre Impérial du Médjidié de première classe, Grand'Croix de plusieurs autres Ordres étrangers, Président du Conseil des Ministres et son Ministre Secrétaire d'État pour les Finances,

Et le Sieur Salvator, Marquis de Villamarina, Grand'Croix de l'Ordre des Saints Maurice et Lazare, Grand Officier de l'Ordre Impérial de la Légion d'Honneur etc. etc. etc., son Envoyé extraordinaire et Ministre plénipotentiaire à la Cour de France ;

Sa Majesté l'Empereur d'Autriche, le Sieur Charles Ferdinand Comte de Buol Schauenstein, Grand' Croix de l'Ordre Impérial de Léopold d'Autriche, Chevalier de l'Ordre de la Couronne de fer de première classe, Grand'Croix de l'Ordre Impérial de la Légion d'Honneur, Chevalier des Ordres de l'Aigle noir et de l'Aigle rouge de Prusse, Grand'

Croix des Ordres Impériaux d'Alexandre Newski (en brillants) et de l'Aigle blanc de Russie, Grand' Croix de l'Ordre de Saint Jean de Jérusalem, décoré de l'Ordre Impérial du Médjidié de première classe etc. etc. etc., son Chambellan et Conseiller intime actuel, son Ministre de la marine et des affaires étrangères, Président de la Conférence des Ministres,

Et le Sieur Joseph Alexandre Baron de Hübner, Grand'Croix de l'Ordre Impérial de la Couronne de fer, Grand Officier de l'Ordre Impérial de la Légion d'Honneur, son Conseiller intime actuel et son Envoyé extraordinaire et Ministre plénipotentiaire à la Cour de France;

Sa Majesté l'Empereur des Français, le Sieur Alexandre Comte Colonna Walewski, Sénateur de l'Empire, Grand Officier de l'Ordre Impérial de la Légion d'Honneur, Chevalier Grand'Croix de l'Ordre équestre des Séraphins, Grand'Croix de l'Ordre des Saints Maurice et Lazare, décoré de l'Ordre Impérial du Médjidié de première classe etc. etc. etc., son Ministre et Secrétaire d'État au département des affaires étrangères,

Et le Sieur François Adolphe Baron de Bourqueney, Grand' Croix de l'Ordre Impérial de la Légion d'Honneur, et de l'Ordre de Léopold d'Autriche, décoré du portrait du Sultan en diamants etc. etc. etc., son Envoyé extraordinaire et Ministre plénipotentiaire près Sa Majesté Impériale et Royale Apostolique;

Sa Majesté la Reine du Royaume-Uni de la Grande Bretagne et d'Irlande, le très-honorable George-Guillaume-Frédéric, Comte de Clarendon, Baron

Hyde de Hindon, Pair du Royame-Uni, Conseiller de Sa Majesté Britannique en son Conseil privé, Chevalier du très-noble Ordre de la Jarretière, Chevalier Grand' Croix du très-honorable Ordre du Bain, principal Secrétaire d'État de Sa Majesté pour les affaires étrangères,

Et le très-honorable Henri-Richard-Charles Baron Cowley, Pair du Royaume-Uni, Conseiller de Sa Majesté en son Conseil privé, Chevalier Grand' Croix du très-honorable Ordre du Bain, Ambassadeur extraordinaire et plénipotentiaire de Sa Majesté près Sa Majesté l'Empereur des Français;

Sa Majesté le Roi de Prusse, le Sieur Othon-Théodore Baron de Manteuffel, Président de son Conseil et son Ministre des affaires étrangères, Chevalier de l'Ordre de l'Aigle rouge de Prusse, première classe, avec feuilles de chêne, couronne et sceptre, Grand Commandeur de l'Ordre de Hohenzollern, Chevalier de l'Ordre de Saint Jean de Prusse, Grand' Croix de l'Ordre de Saint Étienne de Hongrie, Chevalier de l'Ordre de Saint Alexandre Newsky, Grand' Croix de l'Ordre des Saints Maurice et Lazare et de l'Ordre du Nichan Iftihar de Turquie etc. etc. etc.,

Et le Sieur Maximilien Frédéric-Charles-François Comte de Hatzfeldt-Wildenburg Schoenstein, son Conseiller privé actuel et son Envoyé extraordinaire et Ministre plénipotentiaire à la Cour de France, Chevalier de l'Ordre de l'Aigle rouge de Prusse, seconde classe, avec feuilles de chêne et plaque, Chevalier de la Croix d'Honneur de Hohenzollern, première classe etc. etc. etc.;

Sa Majesté l'Empereur de toutes les Russies, le Sieur Alexis Comte Orloff, son Aide-de-camp général, Général de cavalerie, Commandant du quartier général de Sa Majesté, Membre du Conseil de l'Empire et du Comité des Ministres, décoré des deux portraits en diamants de Leurs Majestés feu l'Empereur Nicolas et l'Empereur Alexandre II; Chevalier de l'Ordre de Saint André en diamants, et des Ordres de Russie, Grand' Croix de l'Ordre de Saint Étienne d'Autriche de première classe, de l'Aigle noir de Prusse, en diamants, de l'Annonciade de Sardaigne et de plusieurs autres Ordres étrangers,

Et le Sieur Philippe Baron de Brunnow, son Conseiller privé, son Envoyé extraordinaire et Ministre plénipotentiaire près la Confédération Germanique et près S. A. R. le Grand Duc de Hesse, Chevalier de l'Ordre de Saint Wladimir de première classe, de Saint Alexandre Newski, enrichi de diamants, de l'Aigle blanc, de Sainte Anne de première classe, de Saint Stanislas de première classe, Grand' Croix de l'Ordre de l'Aigle rouge de Prusse de première classe, Commandeur de l'Ordre de Saint Étienne d'Autriche et de plusieurs autres Ordres étrangers;

Et Sa Majesté Impériale le Sultan, Mouhammed-Emin-Aali Pacha, Grand Vézir de l'Empire Ottoman, décoré des Ordres Impériaux du Médjidié et du Mérite de première classe, Grand' Croix de l'Ordre Impérial de la Légion d'Honneur, de Saint Étienne d'Autriche, de l'Aigle rouge de Prusse, de Sainte Anne de Russie, des Saints Maurice et Lazare de Sardaigne, de l'Étoile polaire de Suède, et de plusieurs autres Ordres étrangers,

Et Mehemmed Djémil Bey, décoré de l'Ordre Impérial du Médjidié de seconde classe et Grand' Croix de l'Ordre des Saints Maurice et Lazare, son Ambassadeur extraordinaire et plénipotentiaire près Sa Majesté l'Empereur des Français, accrédité en la même qualité près Sa Majesté le Roi de Sardaigne;

Lesquels, après avoir échangé leurs pleins pouvoirs, trouvés en bonne et due forme, sont convenus des articles suivants:

Art. 1.

Sa Majesté le Sultan, d'une part, déclare qu'il a la ferme résolution de maintenir à l'avenir le principe invariablement établi, comme ancienne règle de son Empire, et, en vertu duquel, il a été de tout temps défendu aux bâtiments de guerre des Puissances étrangères d'entrer dans les détroits des Dardanelles et du Bosphore; et que tant que la Porte se trouve en paix, Sa Majesté n'admettra aucun bâtiment de guerre étranger dans lesdits détroits.

Et Leurs Majestés le Roi de Sardaigne, l'Empereur d'Autriche, l'Empereur des Français, la Reine du Royaume-Uni de la Grande Bretagne et d'Irlande, le Roi de Prusse et l'Empereur de toutes les Russies, de l'autre part, s'engagent à respecter cette détermination du Sultan et à se conformer au principe ci-dessus énoncé.

Art. 2.

Le Sultan se réserve, comme par le passé, de délivrer des firmans de passage aux bâtiments légers sous pavillon de guerre, lesquels seront employés, comme il est d'usage, au service des Légations des Puissances amies.

Art. 3.

La même exception s'applique aux bâtiments légers sous pavillon de guerre que chacune des Puissances contractantes est autorisée à faire stationner aux embouchures du Danube, pour assurer l'exécution des réglements relatifs à la liberté du fleuve, et dont le nombre ne devra pas excéder deux pour chaque Puissance.

Art. 4.

La présente Convention annexée au Traité général signé à Paris, en ce jour, sera ratifiée et les ratifications en seront échangées dans l'espace de quatre semaines, ou plus tôt, si faire se peut.

En foi de quoi les Plénipotentiaires respectifs l'ont signée, et y ont apposé le sceau de leurs armes.

Fait à Paris le trentième jour du mois de mars de l'an mil-huit-cent-cinquante-six.

(L. S.) C. CAVOUR.
(L. S.) DE VILLAMARINA.
(L. S.) BUOL SCHAUENSTEIN.
(L. S.) HÜBNER.
(L. S.) A. WALEWSKI.
(L. S.) BOURQUENEY.
(L. S.) CLARENDON.
(L. S.) COWLEY.
(L. S.) MANTEUFFEL.
(L. S.) HATZFELDT.
(L. S.) ORLOFF.
(L. S.) BRUNNOW.
(L. S.) AALI.
(L. S.) MEHEMMED DJÉMIL.

AU NOM DE DIEU TOUT-PUISSANT.

Sa Majesté l'Empereur de toutes les Russies et Sa Majesté Impériale le Sultan prenant en considération le principe de la neutralisation de la Mer Noire établi par les préliminaires consignés au protocole N.° 1, et signés à Paris le vingt-cinq février de la présente année ; et voulant en conséquence régler d'un commun accord le nombre et la force des bâtiments légers qu'Elles se sont réservées d'entretenir dans la Mer Noire pour le service de leurs côtes, ont résolu de signer dans ce but une Convention spéciale et ont nommé à cet effet :

Sa Majesté l'Empereur de toutes les Russies, le Sieur Alexis Comte Orloff, Son Aide-de-camp général et Général de cavalerie, Commandant du quartier général de Sa Majesté, Membre du Conseil de l'Empire et du Comité des Ministres, décoré des deux portraits en diamants de Leurs Majestés feu l'Empereur Nicolas et l'Empereur Alexandre II, Chevalier de l'Ordre de Saint André en diamants et des Ordres de Russie, Grand'Croix de l'Ordre de Saint Étienne d'Autriche de première classe, de l'Aigle noir de Prusse en diamants, de l'Annonciade de Sardaigne et de plusieurs autres Ordres étrangers,

Et le Sieur Philippe Baron de Brunnow, Son Conseiller privé, Son Envoyé extraordinaire et Ministre plénipotentiaire près la Confédération Germanique et près S. A. R. le Grand Duc de Hesse, Chevalier de l'Ordre de Saint Wladimir de première classe, de Saint Alexandre Newski enrichi de diamants, de l'Aigle blanc, de Sainte Anne de première classe, de Saint Stanislas de première classe, Grand'Croix de l'Ordre de l'Aigle rouge de Prusse de première classe, Commandeur de l'Ordre de Saint Étienne d'Autriche et de plusieurs autres Ordres étrangers;

Et Sa Majesté Impériale le Sultan, Mouhammed-Emin-Aali Pacha, Grand-Vézir de l'Empire Ottoman, décoré des Ordres Impériaux du Médjidié et du Mérite de première classe, Grand'Croix de l'Ordre Impérial de la Légion d'Honneur, de Saint Étienne d'Autriche, de l'Aigle rouge de Prusse, de Sainte Anne de Russie, des Saints Maurice et Lazare de Sardaigne, de l'Étoile polaire de Suède et de plusieurs autres Ordres étrangers,

Et Mehemmed-Djèmil Bey décoré de l'Ordre Impérial du Médjidié de seconde classe, et Grand' Croix de l'Ordre des Saints Maurice et Lazare, son Ambassadeur extraordinaire et plénipotentiaire près Sa Majesté l'Empereur des Français, accrédité en la même qualité près Sa Majesté le Roi de Sardaigne;

Lesquels, après avoir échangé leurs pleins pouvoirs trouvés en bonne et due forme, sont convenus des articles suivants:

Art. 1.

Les Hautes Parties contractantes s'engagent mutuellement à n'avoir dans la Mer Noire d'autres bâtiments de guerre que ceux dont le nombre, la force et les dimensions sont stipulés ci-après.

Art. 2.

Les Hautes Parties contractantes se réservent d'entretenir chacune dans cette mer six bâtiments à vapeur de cinquante mètres de longueur, à la flottaison, d'un tonnage de huit-cent tonneaux au *maximum*, et quatre batiments légers à vapeur ou à voile d'un tonnage qui ne dépassera pas deux-cents tonneaux chacun.

Art. 3.

La présente Convention annexée au Traité général, signé à Paris en ce jour, sera ratifiée et les ratifications en seront échangées dans l'espace de quatre semaines, ou plus tôt, si faire se peut.

En foi de quoi les Plénipotentiaires respectifs l'ont signée et y ont apposé le sceau de leurs armes.

Fait à Paris, le trentième jour du mois de mars de l'an mil-huit-cent-cinquante-six.

   (*L. S.*) ORLOFF.
   (*L. S.*) BRUNNOW.
   (*L. S.*) AALI.
   (*L. S.*) MEHEMMED DJÉMIL.

AU NOM DE DIEU TOUT-PUISSANT.

Sa Majesté l'Empereur des Français, Sa Majesté la Reine du Royaume-Uni de la Grande Bretagne et d'Irlande, et Sa Majesté l'Empereur de toutes les Russies voulant étendre à la Mer Baltique l'accord si heureusement établi entre Elles en Orient, et consolider par là les bienfaits de la paix générale, ont résolu de conclure une Convention et nommé à cet effet :

Sa Majesté l'Empereur des Français, le Sieur Alexandre Comte Colonna Walewski, Sénateur de

l'Empire, Grand-Officier de l'Ordre Impérial de la
Légion d'Honneur, Chevalier Grand'Croix de l'Ordre
équestre des Séraphins, Grand'Croix de l'Ordre des
Saints Maurice et Lazare, décoré de l'Ordre Impérial du Médjidié de première classe, etc. etc. etc.,
Son Ministre et Secrétaire d'État au département
des affaires étrangères ;

Et le Sieur François Adolphe Baron de Bourqueney, Grand'Croix de l'Ordre Impérial de la Légion
d'Honneur et de l'Ordre de Léopold d'Autriche,
décoré du portrait du Sultan en diamants, etc. etc.
etc., Son Envoyé extraordinaire et Ministre plénipotentiaire près Sa Majesté Impériale et Royale
Apostolique ;

Sa Majesté la Reine du Royaume-Uni de la Grande
Bretagne et d'Irlande, le très-honorable George-
Guillaume-Frédéric Comte de Clarendon, Baron
Hyde de Hindon, Pair du Royaume-Uni, Conseiller
de Sa Majesté Britannique en son Conseil privé,
Chevalier du très-noble Ordre de la Jarretière,
Chevalier Grand'Croix du très-honorable Ordre du
Bain, Principal Secrétaire d'État de Sa Majesté pour
les affaires étrangères ,

Et le très-honorable Henri-Richard-Charles Baron
Cowley, Pair du Royaume-Uni, Conseiller de Sa
Majesté en son Conseil privé, Chevalier Grand'Croix
du très-honorable Ordre du Bain, Ambassadeur
extraordinaire et plénipotentiaire de Sa Majesté près
Sa Majesté l'Empereur des Français ;

Et Sa Majesté l'Empereur de toutes les Russies,
le Sieur Alexis Comte Orloff, Son Aide-de-camp
général et Général de Cavalerie, Commandant du

quartier général de Sa Majesté, Membre du Conseil de l'Empire et du Comité des Ministres, décoré des deux portraits en diamants de Leurs Majestés feu l'Empereur Nicolas et l'Empereur Alexandre II, Chevalier de l'Ordre de Saint André en diamants, et des Ordres de Russie, Grand'Croix de l'Ordre de Saint Étienne d'Autriche de première classe, de l'Aigle noir de Prusse en diamants, de l'Annonciade de Sardaigne et de plusieurs autres Ordres étrangers,

Et le Sieur Philippe Baron de Brunnow, Son Conseiller privé, Son Envoyé extraordinaire et Ministre plénipotentiaire près la Confédération Germanique et près S. A. R. le Grand-Duc de Hesse, Chevalier de l'Ordre de Saint Wladimir de première classe, de Saint Alexandre Newski enrichi de diamants, de l'Aigle blanc, de Sainte Anne de première classe, de Saint Stanislas de première classe, Grand'Croix de l'Ordre de l'Aigle rouge de Prusse de première classe, Commandeur de l'Ordre de Saint Étienne d'Autriche et de plusieurs autres Ordres étrangers;

Lesquels, après avoir échangé leurs pleins pouvoirs trouvés en bonne et due forme, sont convenus des articles suivants :

Art. i.

Sa Majesté l'Empereur de toutes les Russies, pour répondre au désir qui Lui a été exprimé par Leurs Majestés l'Empereur des Français et la Reine du Royame-Uni de la Grande Bretagne et d'Irlande, déclare que les Iles d'Aland ne seront pas fortifiées et qu'il n'y sera maintenu ni créé aucun établissement militaire ou naval.

Art. 2.

La présente Convention annexée au Traité général, signé à Paris en ce jour, sera ratifiée et les ratifications en seront échangées dans l'espace de quatre semaines, ou plus tôt, si faire se peut.

En foi de quoi les Plénipotentiaires respectifs l'ont signée et y ont apposé le sceau de leurs armes.

Fait à Paris le trentième jour du mois de mars de l'an mil-huit-cent-cinquante-six.

(*L. S.*) A. WALEWSKI.
(*L. S.*) BOURQUENEY.
(*L. S.*) CLARENDON.
(*L. S.*) COWLEY.
(*L. S.*) ORLOFF.
(*L. S.*) BRUNNOW.

Nous, ayant vu et examiné lesdits Traité et Article additionnel et transitoire, les avons approuvés et approuvons en toutes et chacune des dispositions qui y sont contenues :

Déclarons qu'ils sont acceptés, ratifiés et confirmés, et promettons qu'ils seront invariablement observés. En foi de quoi Nous avons signé de notre main les présentes lettres de ratification et y avons fait apposer Notre Grand Sceau Royal. Donné au Palais Royal de Turin le dixneuvième jour du mois d'avril de l'an de grâce mil-huit-cent-cinquante-six.

VICTOR EMMANUEL

Par le Roi
Le Ministre Secrétaire d'État pour les Affaires Étrangères
CIBRARIO.

VICTOR EMMANUEL II

PAR LA GRACE DE DIEU

ROI DE SARDAIGNE,

DUC DE SAVOIE, DE GÊNES, ETC. ETC.;

PRINCE DE PIÉMONT, ETC. ETC. ETC.

A tous ceux qui les présentes lettres verront, salut:

Une Convention, relative à la clôture des détroits des Dardanelles et du Bosphore aux bâtiments de guerre, ayant été conclue à Paris le trentième jour du mois de mars de l'an mil-huit-cent-cinquante-six entre la Sardaigne, la Turquie, l'Autriche, la France, le Royaume-Uni de la Grande Bretagne et d'Irlande, la Prusse et la Russie, conformément aux dispositions de l'article 10 du Traité de paix du même jour,

Convention dont la teneur suit:

(*V. 1.ère Convention annexée au Traité de Paix pag. 22*).

Nous, ayant vu et examiné ladite Convention, l'avons approuvée et approuvons en toutes et chacune des dispositions qui y sont contenues:

Déclarons qu'elle est approuvée, ratifiée et confirmée, et promettons qu'elle sera inviolablement observée. En foi de quoi Nous avons signé de notre main les présentes lettres de ratification, et y avons fait apposer Notre Grand Sceau Royal. Donné au Palais Royal de Turin le dixneuvième jour du mois d'avril de l'an de grâce mil-huit-cent-cinquante-six.

VICTOR EMMANUEL

Par le Roi

Le Ministre Secrétaire d'État pour les Affaires Étrangères

CIBRARIO.

Protocole N.º I.

Présents :

Pour l'Autriche :
  M.ʳ le Comte DE BUOL SCHAUENSTEIN, etc. etc. et
  M.ʳ le Baron DE HÜBNER, etc. etc.

Pour la France :
  M.ʳ le Comte COLONNA–WALEWSKI, etc. etc. et
  M.ʳ le Baron DE BOURQUENEY, etc. etc.

Pour la Grande Bretagne :
  M.ʳ le Comte DE CLARENDON, etc. etc. et
  Lord COWLEY, etc. etc.

Pour la Russie :
  M.ʳ le Comte ORLOFF, etc. etc. et
  M.ʳ le Baron DE BRUNNOW, etc. etc.

Pour la Sardaigne :
  M.ʳ le Comte DE CAVOUR, etc. etc. et
  M.ʳ le Marquis DE VILLAMARINA etc. etc.

Pour la Turquie :
  AALI Pacha etc. etc. et
  MEHEMMED–DJEMIL-Bey etc. etc.

Messieurs les Plénipotentiaires de l'Autriche, de la France, de la Grande Bretagne, de la Russie, de la Sardaigne et de la Turquie se sont réunis aujourd'hui en conférence à l'hôtel du Ministère des Affaires Étrangères.

M.ʳ le Comte de Buol prend la parole et propose de confier à M.ʳ le Comte Walewski la présidence des travaux de la Conférence; « Ce n'est pas seule-
» ment, dit-il, un usage consacré par les précé-
» dents et récemment observé à Vienne; c'est, en
» même temps, un hommage au Souverain de
» l'hospitalité duquel jouissent en ce moment les

» représentants de l'Europe. » M.^r le Comte de Buol ne doute pas de l'assentiment unanime que rencontrera ce choix qui assure, sous tous les rapports, la meilleure direction à imprimer aux travaux de la Conférence.

Messieurs les Plénipotentiaires adhèrent unanimement à cette proposition, et M.^r le Comte Walewski, ayant pris la présidence, remercie la Conférence en ces termes:

« Messieurs, je vous remercie de l'honneur que
» vous voulez bien me faire en me choisissant pour
» votre organe; et, quoique m'estimant très-indigne
» de cet honneur, je ne peux pas, je ne dois pas
» hésiter à l'accepter, car il est un nouveau témoi-
» gnage des sentiments qui ont porté nos alliés
» comme nos adversaires à demander que Paris soit
» le siége des négociations qui vont s'ouvrir.

» L'accord unanime, qui s'est manifesté sur ce point,
» est de bon augure pour le résultat final de nos efforts.

» Pour ce qui me concerne personnellement, je
» m'efforcerai de justifier votre confiance en rem-
» plissant consciencieusement les devoirs que vous
» m'avez attribués; mes soins tendront à écarter les
» longueurs inutiles; mais, préoccupé spécialement
» d'atteindre promptement le but, je n'oublierai pas,
» cependant, que trop de précipitation pourrait nous
» en éloigner.

» D'ailleurs, Messieurs, animés tous d'un égal
» esprit de conciliation, disposés à faire preuve d'une
» bienveillance mutuelle en évitant les discussions
» irritantes, nous saurons accomplir, scrupuleuse-
» ment et avec toute la maturité qu'elle comporte,
» la grande tâche qui nous est dévolue, sans perdre
» de vue la juste impatience de l'Europe dont les
» yeux sont fixés sur nous, et qui attend avec an-
» xiété le résultat de nos délibérations. »

Sur la proposition de M.^r le Comte Walewski, la Conférence décide de confier la rédaction des protocoles à M.ʳ Benedetti, Directeur des Affaires Politiques au Ministère des Affaires Étrangères, qui est introduit.

Les Plénipotentiaires procèdent à la vérification de leurs pouvoirs respectifs qui, ayant été trouvés en bonne et due forme, sont déposés aux actes de la Conférence.

M.ʳ le Comte Walewski propose et Messieurs les Plénipotentiaires conviennent de s'engager mutuellement à observer un secret absolu sur tout ce qui se passera dans la Conférence.

La Sardaigne n'ayant pas concouru à la signature du protocole arrêté à Vienne le 1.ᵉʳ février dernier, les Plénipotentiaires Sardes déclarent adhérer pleinement audit protocole et à la pièce qui s'y trouve annexée.

M.ʳ le Comte Walewski, après avoir exposé l'ordre des travaux auxquels la Conférence doit se livrer, émet l'avis de déclarer que le protocole signé à Vienne le 1.ᵉʳ février tiendra lieu de préliminaires de paix.

Après avoir échangé leurs idées sur ce point, les Plénipotentiaires, considérant que le protocole, signé à Vienne le 1.ᵉʳ février par les représentants de l'Autriche, de la France, de la Grande Bretagne, de la Russie et de la Turquie, constate l'adhésion de leurs Cours aux bases de négociations consignées dans le document annexé audit protocole, et que ces dispositions remplissent l'objet qui serait atteint par un acte destiné à fixer les préliminaires de paix, conviennent que ce même protocole et son annexe, dont une expédition sera paraphée par eux et annexée au présent protocole, auront la valeur de préliminaires formels de paix.

Les Plénipotentiaires étant ainsi tombés d'accord sur les préliminaires de paix, M.ʳ le Comte Walewski propose de passer à la conclusion d'un armistice. Le terme et la nature en ayant été débattus, les Plénipotentiaires des Puissances belligérantes, considérant qu'il y a lieu de procéder à une suspension d'hostilités entre les armées qui se trouvent en présence, pendant la durée présumée des négociations, arrêtent qu'il sera conclu, par les Commandants en chef, un armistice qui cessera, de plein droit, le 31 mars prochain inclusivement, si, avant cette époque, il n'est pas renouvelé d'un commun accord.

Pendant la suspension d'hostilités, les troupes conserveront les positions respectives qu'elles occupent en s'abstenant de tout acte agressif.

En conséquence, la présente résolution sera transmise, sans retard et par le télégraphe autant que faire se peut, aux Commandants en chef, pour qu'ils aient à s'y conformer aussitôt que les ordres de leurs Gouvernements leur seront parvenus.

Les Plénipotentiaires décident, en outre, que l'armistice sera sans effet sur les blocus établis ou à établir; mais les Commandants des forces navales recevront l'ordre de s'abstenir, pendant la durée de l'armistice, de tout acte d'hostilité contre les territoires des belligérants.

Ceci arrêté, les Plénipotentiaires conviennent qu'ils se réuniront après demain 27 février pour passer à la négociation du traité définitif.

Fait à Paris, le vingt-cinq février mil-huit-cent-cinquante-six.

(*Signé*)	BUOL-SCHAUENSTEIN.
»	HÜBNER.
»	WALEWSKI.
»	BOURQUENEY.
»	CLARENDON.
»	COWLEY.
»	Comte ORLOFF.
»	BRUNNOW.
»	CAVOUR.
»	VILLAMARINA.
»	AALI.
»	MEHEMMED DJEMIL.

Pour copie conforme à l'original.

Annexe au Protocole N.º I.

Présents :

Les Représentants *de la France,*
» *de l'Autriche,*
» *de la Grande Bretagne,*
» *de la Russie,*
» *de la Turquie.*

Par suite de l'acceptation par leurs Cours respectives des cinq propositions renfermées dans le document ci-annexé sous le titre de projet de Préliminaires, les soussignés, après l'avoir paraphé, conformément à l'autorisation qu'ils ont reçue, à cet effet, sont convenus que leurs Gouvernements nommeront chacun des Plénipotentiaires munis des pleins pouvoirs nécessaires pour procéder à la signature des préliminaires de paix formels, conclure un armistice et un traité de paix définitif. Lesdits Plénipotentiaires auront à se réunir à Paris dans le terme de trois semaines à partir de ce jour, ou plus tôt si faire se peut.

Fait à Vienne le premier février mil-huit-cent-cinquante-six, en quintuple expédition.

Ont signé : BOURQUENEY.
BUOL-SCHAUENSTEIN.
G. H. SEYMOUR.
GORTSCHAKOFF.
HIZAM.

Paraphé : B
H.
W.
B.
C.
C.
O.
B.
C.
V.
A.
M. D.
Pour copie conforme à l'original.

I. *Principautés Danubiennes.*

Abolition complète du protectorat Russe.

La Russie n'exercera aucun droit particulier ou exclusif de protection ou d'ingérence dans les affaires intérieures des Principautés Danubiennes.

Les Principautés conserveront leurs priviléges et immunités sous la suzeraineté de la Porte, et le Sultan, de concert avec les Puissances contractantes, accordera, en outre, à ces Principautés ou y confirmera une organisation intérieure conforme aux besoins et aux vœux des populations.

D'accord avec la Puissance suzeraine, les Principautés adopteront un système défensif permanent réclamé par leur situation géographique; aucune entrave ne saurait être apportée aux mesures extraordinaires de défense qu'elles seraient appelées à prendre pour repousser toute agression étrangère.

En échange des places fortes et territoires occupés par les armées alliées, la Russie consent à une rectification de sa frontière avec la Turquie Européenne. Cette frontière, ainsi rectifiée d'une manière conforme aux intérêts généraux, partirait des environs de Chotyn, suivrait la ligne de montagnes qui s'étend dans la direction sud-est, et aboutirait au lac Salsyk. Le tracé serait définitivement réglé par le Traité de paix, et le territoire concédé retournerait aux Principautés et à la suzeraineté de la Porte.

II. *Danube.*

La liberté du Danube et de ses embouchures sera efficacement assurée par des institutions européennes

dans lesquelles les Puissances contractantes seront
également représentées, sauf les positions particulières des riverains qui seront réglées sur les principes établis par l'acte du Congrès de Vienne en
matière de navigation fluviale.

Chacune des Puissances contractantes aura le droit
de faire stationner un ou deux bâtiments de guerre
légers, aux embouchures du fleuve, destinés à assurer l'exécution des réglements relatifs à la liberté
du Danube.

III. *Mer Noire.*

La Mer Noire sera *neutralisée.*

Ouvertes à la marine marchande de toutes les
nations, ses eaux resteront interdites aux marines
militaires.

Par conséquent il n'y sera créé ni conservé d'arsenaux militaires maritimes.

La protection des intérêts commerciaux et maritimes de toutes les nations sera assurée dans les
ports respectifs de la Mer Noire par l'établissement
d'institutions conformes au droit international et
aux usages consacrés dans la matière.

Les deux Puissances riveraines s'engageront mutuellement à n'y entretenir que le nombre de bâtiments légers, d'une force déterminée, nécessaire
au service de leurs côtes. La Convention qui sera
passée entre elles, à cet effet, sera, après avoir été
préalablement agréée par les Puissances signataires
du Traité général, annexée audit Traité, et aura
même force et valeur que si elle en faisait partie
intégrante. Cette Convention *séparée* ne pourra être
ni annulée ni modifiée sans l'assentiment des Puissances signataires du Traité général.

La clôture des détroits admettra l'exception, applicable aux stationnaires, mentionnée dans l'article
précédent.

IV. *Populations Chrétiennes sujettes de la Porte.*

Les immunités des sujets Rayas de la Porte seront consacrées sans atteinte à l'indépendance et à la dignité de la Couronne du Sultan.

Des délibérations ayant lieu entre l'Autriche, la France, la Grande Bretagne et la Sublime Porte afin d'assurer aux sujets chrétiens du Sultan leurs droits religieux et politiques, la Russie sera invitée, à la paix, à s'y associer.

V. *Conditions particulières.*

Les Puissances belligérantes réservent le droit qui leur appartient de produire, dans un intérêt européen, des conditions particulières en sus des quatre garanties.

Paraphé: B. - B. - H. S. - G. - H.
Paraphé: B.   H.
         W.   B.
         C.   C.
         O.   B.
         C.   V.
         A.   M. D.

Pour copie conforme à l'original.

Protocole N.º II.

Séance du 28 février 1856.

Présents:

Les Plénipotentiaires *de l'Autriche,*
»   *de la France,*
»   *de la Grande Bretagne,*
»   *de la Russie,*
»   *de la Sardaigne,*
»   *de la Turquie.*

Le premier Plénipotentiaire de Russie annonce qu'ayant communiqué à son Gouvernement la résolution prise par le Congrès au sujet de l'armistice, il avait reçu l'avis que des ordres avaient été immédiatement expédiés aux Commandants en chef des Armées Russes en Crimée et en Asie.

Les Plénipotentiaires de la France, de la Sardaigne et de la Turquie font des communications analogues.

M.ʳ le Comte de Clarendon fait savoir, de son côté, que l'ordre a été également expédié aux Commandants des forces navales des alliés dans la Mer Noire et dans la Mer Baltique de s'abstenir de tout acte d'hostilité contre les territoires Russes.

M.ʳ le Comte Walewski expose qu'il y a lieu de toucher à quelques questions préjudicielles afin de fixer la marche de la négociation générale.

M.ʳ le Comte de Buol pense qu'il conviendrait, avant de procéder au développement de chaque point, de passer rapidement en revue les bases générales.

M.ʳ le Comte de Clarendon appuie cet avis et

indique que l'ordre à suivre, dans l'examen définitif, devrait être fixé par l'importance des matières.

Les Plénipotentiaires de Russie, de Sardaigne et
de Turquie adhèrent à cette combinaison.

La question de savoir si on procédera à la rédaction d'un ou de plusieurs instruments est ajournée
d'un accord unanime; mais tous les Plénipotentiaires
reconnaissent, qu'il y aura lieu de clôre la négociation par un traité général auquel les autres actes
seraient annexés.

M.r le Comte Walewski, en conséquence, donne
lecture, par paragraphe, des propositions de paix
acceptées par les Puissances contractantes comme
bases de la négociation, et qui se trouvent consignées dans le document joint au protocole signé à
Vienne le 1.er février dernier.

Sur le paragraphe 1.er du 1.er point, M.r le Baron
de Brunnow fait remarquer que le mot *protectorat*
exprime improprement le rôle qui était acquis à la
Russie dans les Principautés : les Plénipotentiaires
Russes l'avaient signalé aux Conférences de Vienne,
et ils avaient obtenu qu'on y substituât une autre
dénomination afin de restituer à l'action de la
Russie son véritable caractère. M.r le Baron de
Brunnow demande qu'on s'en tienne à l'appréciation qui avait prévalu dans les actes de la Conférence de Vienne.

M.r le Comte de Buol rappelle que le protectorat
était dans les faits et dans la situation, si le mot
ne se trouvait pas dans les stipulations diplomatiques avec la Turquie; que l'expression employée
est en effet celle de *garantie*, mais qu'il est important de trouver une rédaction propre à indi-
quer, d'une manière exacte, qu'il sera mis un
terme à cette garantie exclusive.

Aali Pacha rappelle, de son côté, que le mot
protectorat a été employé dans des pièces diplomatiques et, notamment, dans le statut organique
des Principautés.

Les premiers Plénipotentiaires de la France et de la Grande Bretagne ajoutent que les déterminations prises à Vienne n'ont pas toutes également satisfait les Puissances alliées, et qu'on n'a pas, d'ailleurs, à s'en préoccuper aujourd'hui, puisque les efforts faits, à cette époque, pour le rétablissement de la paix ont été infructueux.

Les Plénipotentiaires de Russie expriment le vœu qu'on tiendra compte, toutefois, afin de hâter les travaux du Congrès, de l'accord qui s'était établi, à cette époque, sur certains points.

M.ʳ le Baron de Brunnow pense que la situation de la Servie devrait faire l'objet d'un article spécial.

Cette opinion rencontre l'assentiment de tous les Plénipotentiaires.

Aali Pacha relève que la cessation de tout protectorat particulier exclut naturellement toute idée de protectorat collectif, et que l'intervention des Puissances sera circonscrite dans les limites d'une simple garantie.

Après avoir donné lecture du 2.ᵉ paragraphe du 1.ᵉʳ point, M.ʳ le Comte Walewski rappelle, que l'organisation future des Principautés a donné naissance à plusieurs systèmes.

Les Plénipotentiaires sont unanimes à penser que toutes ces combinaisons devront être renvoyées devant une Commission prise dans le sein du Congrès qui, lui-même, n'aura d'ailleurs qu'à poser les principes de la constitution politique et administrative des Provinces Danubiennes, laissant le soin d'élaborer les détails à une seconde Commission dans laquelle les Puissances contractantes seront représentées, et qui se réunira immédiatement après la conclusion de la paix.

Le 3.ᵉ paragraphe du 1.ᵉʳ point, relatif au système de défense dans les Principautés, est lu par M.ʳ le Comte Walewski.

M.ʳ le Baron de Brunnow déclare qu'à ce sujet

les Plénipotentiaires de Russie s'en référeraient volontiers à la rédaction concertée à Vienne.

M.ʳ le Baron de Bourqueney répond que les idées, sur ce point important, se trouvent aujourd'hui plus développées et mieux définies; que la référence ne répondrait pas à l'objet qu'on s'est proposé par la rédaction du paragraphe en discussion.

M.ʳ le Comte Walewski, après avoir donné lecture du 4.ᵉ et dernier paragraphe du 1.ᵉʳ point, passe au 2.ᵉ point qui ne comprend qu'un seul paragraphe.

M.ʳ le Comte Orloff fait remarquer que la présence aux bouches du Danube, de bâtiments de guerre portant le pavillon de Puissances non riveraines de la Mer Noire, constituera une atteinte au principe de la *neutralisation*.

M.ʳ le Comte Walewski répond qu'on ne saurait donner à une exception, convenue par les Parties contractantes, le caractère d'une infraction au principe.

M.ʳ le Comte de Buol fait observer que les navires des Puissances non riveraines, destinés à stationner aux embouchures du Danube, pourront, cependant, librement circuler dans la Mer Noire; que la nature et les exigences du service, dont ils seront chargés, ne permettraient pas qu'il pût subsister un doute à cet égard.

M.ʳ le Baron de Brunnow rappelle que l'objet de leur mission demeure toutefois défini.

La lecture des 1.ᵉʳ, 2.ᵉ et 3.ᵉ paragraphes du 3.ᵉ point ne donne lieu à aucune observation.

Une courte discussion à constaté l'accord des Plénipotentiaires sur l'interprétation des 4.ᵉ, 5.ᵉ et 6.ᵉ paragraphes concernant la protection des intérêts commerciaux dans la Mer Noire et la convention particulière qui sera passée entre la Russie et la Porte Ottomane.

Sur le 8.ᵉ paragraphe relatif au renouvellement

de la convention des détroits, les Plénipotentiaires ont unanimement émis le vœu que l'acte particulier, destiné à consacrer ce principe important, soit relié au Traité général.

M.^r le Comte Walewski fait remarquer qu'il y aura lieu, quand les Plénipotentiaires aborderont ce point de la négociation, de s'enquérir des Puissances qui seront appelées à y concourir; et M.^r le Comte Orloff ainsi que M.^r le Comte de Buol ajoûtent que la Prusse serait naturellement invitée à y prendre part.

En adhérant à cet avis, M.^r le Comte de Clarendon a exposé que la Prusse ne devait être invitée à participer à la négociation que lorsque les principales clauses du traité général seraient arrêtées.

M.^r le Comte Walewski indique que les Plénipotentiaires auront à décider postérieurement à quel moment cette invitation devra être adressée à la Prusse.

Le quatrième point est lu dans son ensemble, et M.^r le Comte Walewski rappelle, à cette occasion, qu'il y aura lieu de constater l'entrée de la Turquie dans le droit public Européen. Les Plénipotentiaires reconnaissent qu'il importe de constater ce fait nouveau par une stipulation particulière insérée au traité général. Il est donné lecture de la rédaction qui avait été concertée à Vienne à cet effet, et il est admis qu'elle pourrait être accueillie par le Congrès.

M.^r le Comte Orloff exprime le désir d'être fixé sur la marche que la Turquie se propose de suivre pour donner au 4.e point la suite qu'il comporte.

Aali Pacha annonce qu'un nouvel hatti-schérif a renouvelé les priviléges religieux octroyés aux sujets non Musulmans de la Porte, et prescrit de nouvelles réformes qui attestent la sollicitude de S. M. le Sultan pour tous ses peuples indistinctement; que cet acte a été publié, et que la Sublime Porte, se propo-

50

sant de le communiquer aux Puissances, au moyen d'une note officielle, aura ainsi satisfait aux prévisions concernant le 4.º point.

M.ʳ le Comte Orloff ainsi que M.ʳ le Baron de Hübner et, après eux, les autres Plénipotentiaires expriment l'avis qu'il soit fait mention, dans le Traité général, des mesures prises par le Gouvernement Ottoman. Ils invoquent le texte même du 4.º point qui en fait une obligation aux Plénipotentiaires, sans qu'il puisse, toutefois, en résulter une atteinte à l'indépendance et à la dignité de la Couronne du Sultan.

Les Plénipotentiaires de l'Autriche, de la France et de la Grande Bretagne rendent hommage au caractère libéral des dispositions qui ont été arrêtées à Constantinople, et c'est dans la même pensée qu'ils jugent indispensable de les rappeler dans l'acte final du Congrès, et nullement pour en faire naître un droit quelconque d'immixtion dans les rapports du Gouvernement de S. M. le Sultan avec ses sujets.

Aali Pacha répond que ses pouvoirs ne lui permettent pas d'adhérer pleinement à l'avis des autres Plénipotentiaires, et annonce qu'il prendra, par le télégraphe, les ordres de sa Cour.

La séance est levée, et l'examen du 5.º point est renvoyé à la prochaine réunion.

(*Suivent les signatures*).

Pour copie conforme à l'original.

Protocole N.º III.

Séance du 1.ᵉʳ mars 1856.

Présents :

Les Plénipotentiaires *de l'Autriche*,
        »   *de la France*,
        »   *de la Grande Bretagne*,
        »   *de la Russie*,
        »   *de la Sardaigne*,
        »   *de la Turquie*.

Le protocole de la séance précédente est lu et approuvé.

Le Congrès, ainsi qu'il l'a résolu, passe à l'examen du cinquième point.

M.ʳ le Comte Walewski en donne lecture et ajoute qu'en premier lieu, et comme condition particulière, les Puissances alliées demandent que la Russie ne puisse plus désormais reconstruire ou créer aucun établissement naval ou militaire dans les îles d'Aland.

M.ʳ le Comte Orloff répond que la Russie est disposée à adhérer à cette stipulation, si les Plénipotentiaires réussissent, comme il l'espère, à s'entendre sur les autres points de la négociation. Il demande que cette stipulation soit consignée dans un acte séparé qui serait conclu entre la France, la Grande Bretagne et la Russie, attendu que ces Puissances ont exclusivement pris part aux faits de guerre dont la Baltique a été le théâtre.

Messieurs les Plénipotentiaires d'Autriche énoncent l'avis que l'acte séparé soit, néanmoins, annexé au Traité général.

Le Congrès adhère.

M.ʳ le Comte Walewski annonce que, comme seconde condition particulière, les Puissances alliées demandent de soumettre à un examen spécial l'état des territoires situés à l'Est de la Mer Noire.

M.ᵣ le Baron de Brunnow expose les faits diplomatiques qui ont mis la Russie en possession de ces territoires, et leur situation actuelle.

Aali Pacha rappelle qu'il s'est élevé, à cet égard, des difficultés entre la Porte Ottomane et la Russie, et qu'il y aurait utilité à procéder à la vérification et, s'il y a lieu, à la rectification des frontières entre les possessions des deux Empires en Asie.

M.ᵣ le Baron de Brunnow fait remarquer que le tracé, déterminé par la Convention signée à Saint-Pétersbourg en 1834, n'a donné lieu, depuis cette époque, à aucune contestation entre les deux Gouvernements; que dans le district de la Cabulétie, dont la carte a été produite, il s'est élevé, à la vérité, des réclamations, mais elles avaient exclusivement le caractère de réclamations particulières prenant leur source dans des titres de propriétés litigieuses. M.ᵣ le Plénipotentiaire de Russie ajoute que l'Autriche a donné à la Russie l'assurance que les conditions particulières n'impliqueraient aucune cession de territoire.

M.ᵣ le Comte Walewski répond qu'une révision de limites ne constitue pas un remaniement territorial, et propose, afin de donner une preuve de l'esprit d'équité qui anime toutes les parties, de décider qu'une commission mixte sera chargée, après la conclusion de la paix, de statuer sur ce point dans un délai dont le terme sera fixé.

Cette proposition est agréée en principe par tous les Plénipotentiaires, mais l'adoption définitive en est remise à la prochaine réunion.

M.ᵣ le Comte Walewski rappelle que la Russie avait élevé sur la côte orientale de la Mer Noire, des forts qu'elle a fait sauter elle même en partie, et qu'il y aura lieu de s'entendre à cet égard.

M.ʳ le Comte de Clarendon, se fondant, notamment, sur le principe de la neutralisation de la Mer Noire, s'applique à démontrer que ces forts ne pourraient être réédifiés.

Messieurs les Plénipotentiaires de Russie, établissant la distinction qui existe, selon eux, entre ces forts et des arsenaux militaires maritimes, soutiennent l'opinion contraire.

L'examen de ce point est ajourné.

M.ʳ le Comte Walewski établit que la ville de Kars et le territoire Ottoman, occupés, en ce moment, par l'armée Russe, devront être restitués à la Turquie.

M.ʳ le Comte de Clarendon appuie et développe cette opinion.

Messieurs les Plénipotentiaires de Russie admettent le principe de cette restitution; mais comme elle ne doit recevoir sa consécration définitive qu'au terme de la négociation, ils manifestent l'espoir que, dans son cours, il leur sera tenu compte des facilités auxquelles ils se prêtent, dans l'examen des conditions particulières en sus des bases déjà consenties.

M.ʳ le Comte Walewski, prenant acte de l'adhésion des Plénipotentiaires de Russie, rend témoignage aux dispositions conciliantes dont ils ont fait preuve dans cette séance, aussi bien en ce qui concerne Kars qu'en ce qui concerne les îles d'Aland.

Avant de lever la séance, M.ʳ le Comte Walewski rappelle qu'il y aura lieu, à la prochaine réunion, de s'occuper du développement des bases et de la rédaction des articles du Traité: il pense, qu'il pourrait être opportun de commencer par le troisième point relatif à la neutralisation de la Mer Noire.

(*Suivent les signatures*).

Pour copie conforme à l'original.

Protocole N.º IV.

Séance du 4 mars 1856.

Présents :

Les Plénipotentiaires *de l'Autriche*,
    »   *de la France*,
    »   *de la Grande Bretagne*,
    »   *de la Russie*,
    »   *de la Sardaigne*,
    »   *de la Turquie*.

Le protocole de la séance précédente est lu et approuvé.

M.ʳ le Comte Walewski rappelle que le Congrès s'est réservé de prendre une décision définitive, dans la présente séance, à l'égard de la Commission mixte chargée de vérifier et de rectifier, s'il y a lieu, les frontières de la Turquie et de la Russie en Asie.

M.ʳ le Baron de Brunnow rappelle, de son côté, que cette révision doit se faire sans préjudice pour les Parties et de façon qu'elle ne puisse constituer une cession gratuite ou superflue de territoire.

Messieurs les Plénipotentiaires de la France, de la Grande Bretagne et de la Turquie pensent que la Commission doit comprendre, outre les Commissaires des deux Parties directement intéressées, des Délégués des Puissances contractantes.

Par suite, Mʳ le Comte Walewski propose de composer la Commission de deux Commissaires turcs, de deux Commissaires russes, d'un Commissaire anglais et d'un Commissaire français. Messieurs les Plénipotentiaires de Russie adhèrent, en réservant l'approbation de leur Cour.

Il est convenu que les travaux de cette Commission devront être terminés dans le délai de huit mois après la signature du Traité de paix.

M.ᵣ le Comte Walewski dit qu'il y a lieu de passer, ainsi que le Congrès l'a décidé, au développement du troisième point relatif à la *neutralisation* de la Mer Noire, en convenant de la rédaction des stipulations dont les bases ont été posées dans les séances précédentes. M.ᵣ le premier Plénipotentiaire de France propose le texte du 1.ᵉʳ paragraphe qui, après avoir été l'objet d'un examen auquel prennent part tous les Plénipotentiaires, est arrêté ainsi qu'il suit:

» La Mer Noire est neutralisée: ouverts à la
» marine marchande de toutes les Nations, ses
» eaux et ses ports sont formellement et à perpétuité
» interdits au pavillon de guerre soit des Puis-
» sances riveraines, soit de toute autre Puissance,
» sauf les exceptions stipulées au présent Traité.

» Libre de toute entrave, le commerce dans les
» ports et dans les eaux de la Mer Noire ne sera
» assujetti qu'aux réglements en vigueur. »

Le second paragraphe est également agréé par tous les Plénipotentiaires, après avoir été arrêté dans la forme suivante:

» La Mer Noire étant déclarée neutre, le main-
» tien ou l'établissement, sur son littoral, de pla-
» ces militaires maritimes devient sans nécessité
» comme sans objet. En conséquence, Sa Majesté
» l'Empereur de Russie et Sa Majesté le Sultan
» s'engagent à n'élever et à ne conserver, sur ce
» littoral, aucun arsenal militaire maritime. »

M.ᵣ le premier Plénipotentiaire de la Grande Bretagne expose que la Russie possède, à Nicolaieff, un arsenal de constructions maritimes de premier ordre dont la conservation serait en contradiction avec les principes sur lesquels est fondé le paragraphe dont le Congrès vient d'arrêter les termes.

Cet arsenal n'étant pas situé sur les bords de la Mer Noire, Lord Clarendon n'entend pas établir que la Russie soit tenue de détruire les chantiers qui s'y trouvent; mais il fait remarquer que l'opinion publique serait autorisée à prêter à la Russie des intentions qu'elle ne peut entretenir, si Nicolaieff conservait, comme centre de constructions maritimes, l'importance qu'il a acquise.

M.r le premier Plénipotentiaire de Russie répond que l'Empereur, son Auguste Maître, en accédant loyalement aux propositions de paix, a pris la ferme résolution d'exécuter strictement tous les engagements qui en découlent; mais que Nicolaieff étant situé loin des rives de la Mer Noire, le sentiment de sa dignité ne permettrait pas à la Russie de laisser étendre à l'intérieur de l'Empire un principe uniquement applicable au littoral; que la sécurité des côtes et leur surveillance exigent, d'ailleurs, que la Russie ait, ainsi qu'on l'a reconnu, un certain nombre de navires légers dans la Mer Noire, et que, si elle consentait à l'abandon des chantiers de Nicolaieff, elle serait dans l'obligation d'en établir sur un autre point de ses possessions méridionales; que, pour satisfaire à la fois, et à ses engagements et aux exigences du service maritime, l'intention de l'Empereur est de n'autoriser, à Nicolaieff, que la construction des navires de guerre dont il est fait mention dans les bases de la négociation.

M.r le premier Plénipotentiaire de la Grande Bretagne et, après lui, les autres Plénipotentiaires considèrent cette déclaration comme satisfaisante.

M.r le Comte de Clarendon demande à M.r le premier Plénipotentiaire de Russie s'il adhère à l'insertion de sa déclaration au protocole. Après avoir répondu affirmativement, M.r le Comte Orloff ajoute que, pour donner une preuve de la sincérité de ses dispositions, l'Empereur l'a chargé de demander le libre passage des détroits du Bosphore et des Dardanelles pour les deux seuls vaisseaux de ligne qui se trouvent à Nicolaieff, et qui doivent se rendre dans la Baltique aussitôt que la paix sera conclue.

La rédaction des autres paragraphes relatifs au troisième point, délibérée entre les Plénipotentiaires, demeure ainsi conçue :

» Pour donner aux intérêts commerciaux et ma-
» ritimes de toutes les Nations la sécurité désira-
» ble, la Russie et la Sublime Porte admettront des
» Consuls dans leurs ports situés sur le littoral de
» la Mer Noire, conformément aux principes du
» droit international.

» Sa Majesté l'Empereur de toutes les Russies et
» Sa Majesté le Sultan ayant conclu entre eux une
» Convention à l'effet de déterminer la force et le
» nombre des bâtiments légers qu'ils pourront en-
» tretenir dans la Mer Noire, cette Convention est
» annexée au présent Traité, et aura même force et
» valeur que si elle en faisait partie intégrante. Elle
» ne pourra être ni annulée ni modifiée sans l'assen-
» timent des Puissances signataires du présent Traité.

» La Convention du 13 juillet 1841, qui main-
» tient l'antique règle de l'Empire Ottoman, rela-
» tive à la clôture des détroits du Bosphore et des
» Dardanelles, ayant été revisée d'un commun ac-
» cord, l'acte, conclu à cet effet, est et demeure
» annexé au présent Traité. »

Messieurs les Plénipotentiaires de la Russie et de la Turquie sont invités à se concerter sur la Convention qui doit être conclue entre eux au sujet des bâtiments légers que la Sublime Porte et la Russie pourront entretenir dans la Mer Noire, et il est convenu que le projet en sera communiqué au Congrès dans la prochaine réunion.

(Suivent les signatures).

Certifié conforme à l'original,

Protocole N.º V.

Séance du 6 mars 1856.

Présents :

Les Plénipotentiaires	*de l'Autriche*,
»	*de la France*,
»	*de la Grande Bretagne*,
»	*de la Russie*,
»	*de la Sardaigne*,
»	*de la Turquie*.

Le protocole de la séance précédente est lu et approuvé.

M.ʳ le Comte Orloff annonce que les Plénipotentiaires de la Turquie et de la Russie ne sont pas en mesure de présenter au Congrès le projet de traité relatif aux bâtiments de guerre que les Puissances riveraines pourront entretenir dans la Mer Noire, et demande à renvoyer cette communication à la séance suivante.

M.ʳ le premier Plénipotentiaire de la Grande Bretagne demande à Messieurs les Plénipotentiaires de Russie si la déclaration faite par M.ʳ le Comte Orloff dans la précédente séance au sujet de Nicolaieff, s'applique également à Kherson et à la Mer d'Azoff.

M.ʳ le premier Plénipotentiaire de Russie répond que, comme Nicolaieff, la mer d'Azoff ne saurait tomber sous l'application directe du principe accepté par la Russie; que d'autre part, il est hors de doute que des navires de haut bord ne peuvent naviguer dans cette mer; il maintient, toutefois, les assurances, que M.ʳ le Comte de Clarendon a rappelées, et il répète que la Russie, voulant se conformer pleinement aux engagements qu'elle a contractés,

ne fera construire nulle part sur les bords de la
Mer Noire ou sur ses affluents, ni dans les eaux
qui en dépendent, des bâtiments de guerre autres
que ceux que la Russie entretiendra dans la Mer
Noire aux termes de sa Convention avec la Turquie.

Le Congrès passe au développement du deuxième
point.

M.ᵣ le premier Plénipotentiaire de la France rappelle que la Conférence de Vienne avait étudié avec
soin toutes les questions qui se rattachent à la navigation du Danube, et qu'il y aurait lieu, par conséquent, de tenir compte des travaux qu'elle avait
préparés.

M.ᵣ le Comte de Buol donne lecture de l'annexe
au protocole de Vienne N.° V.

M.ᵣ le Comte Walewski propose la rédaction des
six paragraphes suivants:

» L'acte du Congrès de Vienne ayant établi les
» principes destinés à régler la navigation des fleu-
» ves traversant plusieurs États, les Puissances con-
» tractantes stipulent entre elles qu'à l'avenir ces
» principes seront également appliqués au Danube
» et à ses embouchures; elles déclarent que cette
» disposition fait désormais partie du droit public de
» l'Europe, et la prennent sous leur garantie.

» La navigation du Danube ne pourra être as-
» sujettie à aucune entrave ni redevance qui ne
» serait pas expressément prévue par les stipula-
» tions qui suivent. En conséquence, il ne sera
» perçu aucun péage basé uniquement sur le fait de
» la navigation du fleuve, ni aucun droit sur les
» marchandises qui se trouvent à bord des navires,
» et il ne sera apporté aucun obstacle, quel qu'il
» soit, à la libre navigation.

» La Sublime Porte prend l'engagement de faire
» exécuter, d'accord avec l'administration locale
» dans les Principautés, les travaux qui sont, dès-
» à-présent, ou qui pourraient devenir nécessaires

» tant pour dégager l'embouchure du Danube des
» sables qui l'obstruent, que pour mettre le fleuve
» dans les meilleures conditions de navigabilité pos-
» sibles sur d'autres points en amont de son cours,
» notamment entre les ports de Galatz et de Braïla.
» Pour couvrir les frais de ces travaux ainsi que
» des établissements, ayant pour objet d'assurer
» et de faciliter la navigation, des droits fixes d'un
» taux convenable pourront être prélevés sur les
» navires parcourant le Bas-Danube, à la condi-
» tion expresse que, sous ce rapport comme sous
» tous les autres, les pavillons de toutes les Nations
» seront traités sur le pied d'une parfaite égalité.
» Dans le but de réaliser les dispositions de l'ar-
» ticle précédent, une Commission, qui ne pourra
» être dissoute que d'un commun accord et com-
» posée de . . . . ,
» sera chargée de déterminer l'étendue des travaux à
» exécuter, et d'élaborer les bases d'un réglement
» de navigation et de police fluviale et maritime ;
» elle dressera également les instructions destinées
» à servir de guide à une Commission exécutive.
» En conformité avec les stipulations des Traités
» de Vienne, cette Commission exécutive sera com-
» posée de . . . .
» en qualité d'États riverains; elle sera permanente.
» En cas de désaccord relativement à l'interprétation
» à donner aux réglements établis, il en sera ré-
» féré aux Puissances contractantes. »

M.r le Comte Walewski fait remarquer que le
Congrès aura à s'occuper ultérieurement de la composition des deux Commissions dont il est parlé
dans les deux derniers paragraphes, mais que la
Commission exécutive devant comprendre des Délégués de toutes les Puissances riveraines du Danube,
il y aura lieu d'inviter la Bavière à s'y faire représenter.

M.r le Comte de Buol fait observer que le réglément, dont cette Commission devra surveiller l'exécution, ne peut toucher qu'aux intérêts de la navigation dans le Bas-Danube ; que la navigation du Haut-Danube n'a soulevé aucun conflit entre les intéressés, et qu'il n'y aurait nulle raison de donner à l'autorité de la Commission une extension que rien ne justifierait.

M.^r le premier Plénipotentiaire de la France répond que le Congrès est saisi d'une question générale intéressant la navigation du fleuve ; qu'elle a été posée ainsi dans le document qui sert de base à la négociation, et que, du moment où il est convenu que la Commission dite exécutive doit être composée des riverains, on ne saurait en exclure la Bavière ; il ajoute que, d'ailleurs, le texte des articles proposés ne prête pas à l'ambiguité et indique suffisamment la nature des attributions de cette Commission.

M.^r le Comte Walewski donne lecture du septième et dernier paragraphe qui est ainsi conçu :

» Afin d'assurer l'exécution des réglements qui
» auront été arrêtés d'un commun accord d'après
» les principes ci-dessus énoncés, chacune des
» Puissances contractantes aura le droit de faire
» stationner (un ou deux) bâtiments légers aux em-
» bouchures du Danube. »

Le Congrès ajourne à une prochaine séance la rédaction définitive de ces divers paragraphes.

M.^r le premier Plénipotentiaire de la Grande Bretagne émet l'avis que la rédaction des stipulations insérées aux protocoles ne devrait pas lier le Congrès d'une manière irrévocable. Il ajoute que, dans son opinion, chaque Plénipotentiaire conserve la faculté de proposer ultérieurement les modifications qu'il jugerait utile de présenter.

M.^r le Comte Orloff répond que les Plénipotentiaires transmettant chaque protocole à leurs Gouvernements respectifs, il ne saurait admettre que des clauses, acceptées, d'un commun accord, pussent être indéfiniment remaniées.

Messieurs les Plénipotentiaires de la Grande Bretagne ajoutent qu'ils n'entendent pas réserver à chaque Plénipotentiaire le droit de revenir sur les déterminations prises et les principes acceptés par le Congrès, mais la faculté de proposer une simple révision de texte, s'il y a lieu, et afin de mieux en préciser le sens et la portée.

Circonscrites dans ces limites, les observations de M.ʳ le Comte de Clarendon sont agréées par le Congrès.

(*Suivent les signatures*).

Certifié conforme à l'original.

Protocole N.º VI.

Séance du 8 mars 1856.

Présents :

Les Plénipotentiaires *de l'Autriche*,
      »   *de la France*,
      »   *de la Grande Bretagne*,
      »   *de la Russie*,
      »   *de la Sardaigne*,
      »   *de la Turquie*.

M.ʳ le premier Plénipotentiaire de Turquie fait savoir que Mehemmed Djémil Bey n'assistera pas à la séance, l'état de sa santé ne le lui permettant pas.

Le protocole de la séance précédente est lu et approuvé.

M.ʳ le premier Plénipotentiaire de Russie annonce que sa Cour a donné son assentiment à l'institution de la Commission mixte qui sera chargée de la révision de la frontière en Asie, et à laquelle, ainsi que le constate le protocole N.º IV, les Plénipotentiaires de la Russie n'avaient adhéré qu'en réservant l'approbation de leur Gouvernement.

Sur la proposition de M.ʳ le Comte Walewski, le Congrès passe au développement du premier point, et décide qu'avant d'aborder les questions qui se rattachent à l'organisation des Principautés, il s'occupera de la rectification de frontières entre les Provinces danubiennes et le territoire russe.

M.ʳ le Baron de Brunnow donne lecture d'un mémoire tendant à établir que la disposition des lieux et la direction des voies de communication ne permettent pas de déterminer un tracé direct entre les deux points extrêmes indiqués dans les préliminaires de paix. Il rappelle que les Puissances alliées ont eu en vue d'assurer la libre navigation du Danube, et il pense que cet objet serait atteint par un autre tracé qu'il est chargé de proposer au Congrès: ce tracé, qui aurait l'avantage de n'apporter aucune perturbation dans l'économie de la Province, partirait de Waduli-Isaki sur le Pruth, suivrait le Val de Trajan et aboutirait au nord du lac Yalput. La Russie ferait l'abandon des îles du Delta et raserait les forts d'Ismaïl et de Kilia nova.

M.ᵣ le Comte Walewski répond que cette proposition s'éloigne d'une manière trop sensible des bases mêmes de la négociation pour que les Plénipotentiaires des Puissances alliées puissent la prendre en sérieuse considération.

M.ᵣ le Baron de Brunnow, revenant sur les observations qu'il a déjà fait valoir, expose qu'il serait difficile de fixer une bonne délimitation en s'écartant des limites qu'il a indiquées. Il ajoute qu'on pourrait, toutefois, joindre au territoire, que la Russie cède par le tracé qu'il a déjà proposé, celui qui se trouve compris entre le lac Katlabug, le Val de Trajan et le lac Salsyk.

M.ᵣ le premier Plénipotentiaire de la Grande Bretagne représente que l'admission du tracé indiqué par M.ᵣ le Plénipotentiaire de Russie équivaudrait à l'abandon des propositions formulées par l'Autriche avec l'assentiment des Puissances alliées ; que ces propositions ont été acceptées à Saint-Pétersbourg, confirmées à Vienne et à Paris, et que les Plénipotentiaires de ces Puissances, quelque soit l'esprit de conciliation qui les anime, ne sauraient s'écarter, dans une semblable mesure, des conditions de paix, et renoncer totalement à des concessions admises en principe par tous les Gouvernements représentés au Congrès.

M.ᵣ le Comte Walewski présente des observations analogues.

M.r le Comte de Buol fait également remarquer
que le tracé offert par M.r le Baron de Brunnow
ne comprend qu'une petite portion du territoire dont
la cession a été consentie par la Russie, en accep-
tant les conditions de paix que l'Autriche a portées
à Saint-Pétersbourg, et qu'il espère que Messieurs
les Plénipotentiaires de Russie feront au Congrès
une proposition qui se rapprochera davantage des
faits qui ont précédé l'ouverture des négociations.

M.r le Baron de Hübner rappelle que le tracé
indiqué, par ses deux points extrêmes, dans les propositions autrichiennes, est fondé sur la configura-
tion reproduite dans toutes les cartes.

Messieurs les Plénipotentiaires de Russie répondent qu'ils ont témoigné, dans les séances précédentes, de leurs intentions conciliantes; qu'ils ont
placé sous les yeux du Congrès des considérations
dont il y a lieu, à leur sens, de tenir compte; qu'ils
n'ont d'autre objet que de provoquer une entente
conforme à la topographie du pays et aux intérêts
des populations qui l'habitent; et qu'ils sont, par
conséquent, prêts à discuter toute autre proposition qui leur serait communiquée.

M.r le premier Plénipotentiaire de la France répète que les Puissances alliées ne sauraient adhérer
à une délimitation qui ne serait pas en harmonie
avec les concessions acquises à la négociation; mais
qu'il est, cependant, permis de procéder par voie
de compensation, et qu'il serait peut-être possible
de s'entendre, en prolongeant la limite au Sud-Est
et au delà du lac Salsyk, si, comme le pensent
Messieurs les Plénipotentiaires de Russie, elle rencontre, au Nord, des difficultés topographiques.

Après une discussion, engagée sur cet amendement, à laquelle tous les Plénipotentiaires prennent
part, il est offert à Messieurs les Plénipotentiaires
de Russie d'établir la frontière au moyen d'une ligne
qui, partant du Pruth, entre Séova et Hush, pas-

serait au Nord du lac Salsyk et s'arrêterait au-dessus du lac Albédiès.

Messieurs les Plénipotentiaires de la Russie obligés, disent-ils, de s'assurer de la position qui en résulterait pour les colonies de Bulgares et de Russes établies dans cette partie de la Bessarabie, demandent à remettre la suite de la discussion à la prochaine séance.

Le Congrès adhère; mais Messieurs les Plénipotentiaires de la France et de la Grande Bretagne établissent que la proposition, à laquelle ils se sont ralliés, dans un esprit de concorde, constitue, sous tous les rapports, une concession dont l'importance est attestée par l'étendue du territoire compris entre Chotyn et Hush, et ils expriment la conviction que cette concession sera pleinement appréciée par Messieurs les Plénipotentiaires de la Russie.

M.^{r} le Comte Orloff rend témoignage des bonnes dispositions que Messieurs les Plénipotentiaires de Russie rencontrent, à leur tour, de la part des autres membres du Congrès, et il ajoute qu'en demandant de pouvoir soumettre à une étude particulière la proposition qui leur est faite, ils n'ont en vue d'autre but que celui de chercher à la concilier avec les exigences locales.

Le Congrès passe à l'examen des propositions relatives à l'organisation des Principautés.

M.^{r} le Comte Walewski fait remarquer qu'avant de toucher à ce point important de la négociation, il est indispensable de délibérer sur une question qui est dominante, et à la solution de laquelle se trouvent nécessairement subordonnés les travaux ultérieurs du Congrès à ce sujet: cette question est celle de savoir si la Moldavie et la Valachie seront désormais réunies en une seule Principauté, ou si elles continueront à posséder une administration séparée. M.^{r} le premier Plénipotentiaire de la France pense que la réunion des deux Provinces répondant à des nécessités révélées par un examen attentif de leurs véritables intérêts, le Congrès devrait l'admettre et la proclamer.

M.^r le premier Plénipotentiaire de la Grande Bretagne partage et appuie la même opinion, en se fondant particulièrement sur l'utilité et la convenance à prendre en sérieuse considération les vœux des populations dont il est toujours bon, ajoute-t-il, de tenir compte.

M.^r le premier Plénipotentiaire de la Turquie la combat. Aali Pacha soutient qu'on ne saurait attribuer à la séparation des deux Provinces la situation à laquelle il s'agit de mettre un terme; que la séparation date des temps les plus reculés, et que la perturbation, qui a régné dans les Principautés, remonte à une époque relativement récente; que la séparation est la conséquence naturelle des mœurs et des habitudes qui diffèrent dans l'une et l'autre Province; que quelques individus, sous l'influence de considérations personnelles, ont pu formuler un avis contraire à l'état actuel, mais que telle n'est pas certainement l'opinion des populations.

M.^r le Comte de Buol, quoique n'étant pas autorisé à discuter une question que ses instructions n'ont pas prévue, pense, comme le premier Plénipotentiaire de la Turquie, que rien ne justifierait la réunion des deux Provinces; les populations, ajoute-t-il, n'ont pas été consultées, et, si l'on considère le prix que chaque agglomération attache à son autonomie, on peut en déduire a priori que les Moldaves comme les Valaques désirent, avant tout, conserver leurs institutions locales et séparées.

Après avoir invoqué d'autres motifs à l'appui de son opinion, M.^r le Comte Walewski répond que le Congrès ne peut consulter directement ces populations, et qu'il doit nécessairement procéder, à cet égard, par voie de présomption. Or, dit-il, tous les renseignements s'accordent à représenter les Moldo-

Valaques comme unanimement animés du désir de
ne plus former, à l'avenir, qu'une seule Principauté: ce désir s'explique par la communauté d'origine et de religion, ainsi que par les précédents
qui ont mis en lumière les inconvénients de l'ordre
politique ou administratif qui résultent de la séparation; l'union, étant, sans contredit, un élément
de prospérité pour les deux Provinces, répond à
l'objet proposé à la sollicitude du Congrès.

M.^r le premier Plénipotentiaire de l'Autriche ne
croit pas pouvoir accorder une foi entière aux in-
formations sur lesquelles se fonde le premier Plénipotentiaire de la France. Il pense, d'ailleurs, que
l'opinion du premier Plénipotentiaire de la Turquie,
mieux placé qu'aucun autre membre du Congrès
pour apprécier les véritables besoins et les vœux
des populations, mérite d'être prise en considération particulière; que, d'autre part, les Puissances
sont, avant tout, engagées à maintenir les privilèges
des Principautés, et que ce serait y porter une
grave atteinte que de contraindre les deux Provinces
à se fondre l'une dans l'autre, puisque au nombre
de ces privilèges se trouve, avant tout, celui de
s'administrer séparément. Il ajoute que, plus tard
et quand on aura constitué dans les Principautés
une institution pouvant être régulièrement considérée comme l'organe légitime des vœux du pays,
on pourra, s'il y a lieu, procéder à l'union des deux
Provinces avec une parfaite connaissance de cause.

M.^r le Baron de Bourqueney répond au premier
Plénipotentiaire de l'Autriche qu'il ne peut partager
son appréciation; les bases de la négociation, dit-il,
portent que les Principautés conserveront leurs priviléges et immunités, et que le Sultan, de concert
avec ses alliés, leur accordera ou y confirmera une
organisation intérieure conforme aux besoins et aux
vœux des populations. Nous avons donc, à Vienne,
entendu réserver au Sultan et à ses alliés le droit

et le soin de se concerter sur les mesures propres à assurer le bonheur de ces peuples en tenant compte de leurs vœux. Or, la France a déposé, aux Conférences de l'an dernier, un acte qui a placé la question sur le terrain de la discussion, et il ne s'est élévé nulle part, depuis lors, une manifestation tendant à infirmer les renseignements qui nous portent à croire que les Moldo-Valaques désirent la réunion des Provinces en une seule Principauté.

M.r le premier Plénipotentiaire de Sardaigne rappelle, afin d'établir que le vœu des populations à cet égard est antérieur aux circonstances actuelles, qu'un article du statut organique a préjugé la question en déposant dans cet acte le principe de la réunion éventuelle des Principautés.

Aali Pacha soutient que l'article, cité par M.r le Comte de Cavour, ne saurait comporter une semblable interprétation.

M.r le Comte Orloff déclare que les Plénipotentiaires de Russie, ayant pu apprécier les besoins et les vœux des deux Principautés, appuient le projet de réunion comme devant aider à la prospérité des Provinces.

Sur la déclaration faite par Aali Pacha que les Plénipotentiaires de la Turquie ne sont pas autorisés à suivre la discussion sur ce terrain, et les Plénipotentiaires de l'Autriche étant eux-mêmes sans instructions, la question est renvoyée à une autre séance afin de les mettre à même de prendre les ordres de leurs Cours.

(*Suivent les signatures*).

Certifié conforme à l'original.

Protocole N.º VII.

Séance du 10 mars 1856.

Présents :

Les Plénipotentiaires   *de l'Autriche*,
       »   *de la France*,
       »   *de la Grande Bretagne*,
       »   *de la Russie*,
       »   *de la Sardaigne*,
       »   *de la Turquie*.

M.ʳ le second Plénipotentiaire de la Turquie, retenu par l'état de sa santé, n'assiste pas à la séance.

Le protocole de la séance précedente est lu et approuvé.

Le Congrès reprend la discussion sur la délimitation des frontières en Bessarabie.

M.ʳ le Baron de Brunnow expose que les Plénipotentiaires de Russie ont examiné, avec le même esprit de concorde qui en a suggéré les termes aux Plénipotentiaires des Puissances alliées, le tracé qui leur a été proposé dans la séance précédente; qu'ils reconnaissent combien ce tracé justifie la confiance qu'ils avaient placée dans les dispositions conciliantes du Congrès; mais qu'après avoir consulté leurs instructions, et en se fondant sur les considérations topographiques et administratives qu'ils ont déjà fait valoir, ils se voient obligés, dans l'intérêt même d'une bonne délimitation, de demander un amendement au tracé qui leur a été offert, de façon que la frontière, partant du confluent du Pruth et de la Saratsika, remonterait cette dérnière rivière jusqu'au village du même nom, pour se diriger de là vers la rivière de Yalpuck dont elle descendrait le cours jusqu'au point où elle rejoint le Val de Trajan qu'elle suivrait jusqu'au lac Salsyk, pour aboutir ensuite à l'extrémité septentrionale du lac Alabiès.

Cette proposition devient l'objet d'un examen auquel participent tous les Plénipotentiaires qui, tombant d'accord, décident que la frontière partira de la Mer Noire, à un kilomètre à l'Est du lac Bourna Sola, rejoindra perpendiculairement la route d'Akerman, suivra cette route jusqu'au Val de Trajan, passera au sud de Bolgrad, remontera le long de la rivière de Yalpuck jusqu'à la hauteur de Saratsika, et ira aboutir à Katamori sur le Pruth.

En adhérant à cette délibération, Messieurs les Plénipotentiaires de la Russie, ayant dû, disent-ils, s'écarter de leurs instructions, réservent l'approbation de leur Cour.

Une Commission composée d'ingénieurs et de géomètres, sera chargée de fixer, dans ses détails, le tracé de la nouvelle frontière.

M.r le Comte Orloff, se fondant sur les précédents, propose au Congrès de décider que les habitants du territoire cédé par la Russie conserveront la jouissance entière des droits et priviléges dont ils sont en possession, et qu'il leur sera permis de transporter ailleurs leur domicile, en cédant leurs propriétés contre une indemnité pécuniaire convenue de gré à gré, ou au moyen d'un accord particulier qui serait conclu avec l'administration des Principautés.

Plusieurs Plénipotentiaires faisant remarquer que cette proposition peut soulever des difficultés qu'ils ne sont pas en mesure d'apprécier, le Congrès la prend ad referendum.

M.r le Comte Walewski rappelle que le développement du premier point, en ce qui concerne l'organisation future des Principautés, exige d'en confier les détails à une Commission dont les travaux, si on devait y subordonner la conclusion de la paix, retarderaient, sans motifs suffisants, le principal objet confié aux soins du Congrès. Dans l'opinion de M.ʳ le premier Plénipotentiaire de la France, on pourrait se borner à consigner au Traité les bases du régime politique et administratif qui régira désormais les Provinces Danubiennes, en convenant que les Parties contractantes concluront, dans le plus bref délai, une convention à ce sujet. Dans ce cas, ajoute-t-il, le traité de paix pourrait être signé prochainement, et l'attente de l'Europe ne serait pas tenue plus longtemps en suspens.

Cette proposition est l'objet d'une discussion dans laquelle interviennent particulièrement Messieurs les Plénipotentiaires de l'Autriche et de la Grande Bretagne.

M.ʳ le premier Plénipotentiaire de l'Autriche propose un amendement qui est accepté ; et, en conséquence, le Congrès décide qu'une Commission, composée de M.ʳ le Comte de Buol, de M.ʳ le Baron de Bourqueney et d'Aali Pacha, présentera, à la prochaine séance, le texte des articles du Traité de paix destinés à fixer les bases de la convention qui sera conclue au sujet des Principautés.

M.ʳ le Comte Walewski émet l'avis qu'au point où les négociations sont heureusement arrivées, le moment est venu d'inviter la Prusse à se faire représenter au Congrès, ainsi qu'il a été décidé dans la séance du 28 février, et il propose de prendre et de faire parvenir à Berlin la résolution suivante:

Le Congrès, considérant qu'il est d'un intérêt Européen que la Prusse, signataire de la Convention conclue à Londres le 13 juillet 1841, participe aux nouveaux arrangements à prendre, décide qu'un extrait du protocole de ce jour sera adressé à Berlin, par les soins de M.ʳ le Comte Walewski, organe du Congrès, pour inviter le Gouvernement Prussien à envoyer des Plénipotentiaires à Paris.

Le Congrès adhère.

M.ʳ le Comte de Clarendon, en témoignant de la confiance qu'il place dans les sentiments de la Cour de Russie, et parlant au nom des Puissances alliées, croit pouvoir être certain que les cimetières où reposent les officiers et soldats qui ont succombé devant Sebastopol ou sur d'autres points du territoire Russe, ainsi que les monuments élevés à leur mémoire, seront maintenus à perpétuité et environnés du respect dû à la cendre des morts; il ajoute qu'il serait heureux, toutefois, d'en recueillir l'assurance de la bouche de Messieurs les Plénipotentiaires de la Russie.

M.ʳ le Comte Orloff remercie le Congrès de l'occasion qui lui est offerte de donner une marque des dispositions qui animent l'Empereur son Auguste Maître, dont il est certain d'être le loyal et fidèle interprète en déclarant qu'on prendra toutes les mesures propres à réaliser pleinement le vœu exprimé par Messieurs les Plénipotentiaires des Puissances alliées.

M.ʳ le Comte Walewski rappelle que le Traité de paix devra faire mention de l'amnistie pleine et entière que chaque Puissance belligérante accordera à ses propres sujets pour toute coopération aux faits de guerre.

Messieurs les Plénipotentiaires de Russie adhèrent à cet avis qui est également accueilli par les autres Membres du Congrès.

(*Suivent les signatures*).

Pour copie conforme à l'original.

Protocole N.º VIII.

Séance du 12 mars 1856.

Présents :

Les Plénipotentiaires *de l'Autriche,*
      »   *de la France,*
      »   *de la Grande Bretagne,*
      »   *de la Russie,*
      »   *de la Sardaigne,*
      »   *de la Turquie.*

Le protocole de la séance précédente est lu et approuvé.

M.ʳ le Baron de Bourqueney rend compte du travail de la Commission qui, dans la dernière réunion, a été chargée de préparer le texte des articles du Traité concernant l'organisation future des Principautés.

Avant de donner lecture des articles proposés par la Commission, M.ʳ le Baron de Bourqueney établit que le but du travail de cette Commission a été de concilier les opinions émises dans la dernière séance.

La marche proposée par la Commission, ajoute M.ʳ le Baron de Bourqueney, repose sur trois principes :

Conclure la paix sans en subordonner l'instrument final à un acte diplomatique resté en suspens;

Prendre les mesures les plus propres à s'assurer du vœu des populations sur des questions de principe non encore résolues;

Respecter les droits de la Puissance suzeraine, et ne pas laisser de côté ceux des Puissances garantes, en établissant la double nécessité d'un acte diplomatique pour consacrer les principes adoptés comme bases de l'organisation des Principautés, et d'un Hatti-Cheriff pour en promulguer l'application;

Partant de ces trois idées, la Commission propose l'envoi immédiat à Bucharest de Délégués qui s'y réuniront à un Commissaire Ottoman.

Des Divans *ad hoc* seraient convoqués sans retard au chef-lieu des deux provinces. Ils seraient composés de manière à offrir les garanties d'une véritable et sérieuse représentation.

La Commission Européenne, prenant en considération les vœux exprimés par les Divans, reviserait les statuts et réglements en vigueur. Son travail serait transmis au siége actuel des Conférences. Une convention diplomatique, basée sur ce travail, serait conclue entre les Puissances contractantes, et un Hatti-Cheriff, constituant l'organisation définitive, serait promulgué par le Sultan.

Le Congrès adopte la marche proposée et renvoie à une autre séance l'adoption définitive du texte des articles dont M.ʳ le Baron de Bourqueney a donné lecture.

Messieurs les Plénipotentiaires de la Russie et de la Turquie communiquent au Congrès le projet de la Convention qui doit être conclue entre eux, après avoir été agréé par les autres Plénipotentiaires, relativement aux bâtiments de guerre légers que les Puissances riveraines entretiendront dans la Mer Noire.

Ils annoncent qu'ils ne sont pas d'accord sur un point: Messieurs les Plénipotentiaires de la Russie pensent que la Convention doit autoriser l'une et l'autre Puissance à entretenir, outre les bâtiments de guerre qui seront employés à la police de la Mer Noire et un nombre déterminé de transports, des navires d'un moindre tonnage destinés à surveiller l'exécution des réglements administratifs et sanitaires dans les ports. Messieurs les Plénipotentiaires de Turquie ne sont pas autorisés à accueillir une stipulation conçue dans ce sens.

Messieurs les Plénipotentiaires de la Russie donnent au Congrès des explications tendant à démontrer la nécessité de pourvoir à la police intérieure des ports et d'insérer dans la Convention une clause relative aux stationnaires qui y seront employés, afin de ne pas exposer les Puissances riveraines de la Mer Noire aux interprétations que pourrait autoriser le silence gardé à cet égard.

Messieurs les Plénipotentiaires de la Grande Bretagne et de la France répondent que ces bâtiments ne pouvant comporter ni les dimensions ni l'armement de bâtiments de guerre, il n'y a pas lieu d'en faire mention dans la Convention, et que, si la Russie n'entend avoir dans ses ports que des bateaux dits pataches pour le service de la douane et de la santé, ne devant pas, par conséquent, être employés à la mer, il n'y a pas lieu de craindre que la présence de ces pataches, dans les ports de commerce, puisse devenir l'occasion d'interprétations regrettables.

Messieurs les Plénipotentiaires de la Russie retirent leur demande relative à l'insertion, dans la Convention, de la clause concernant les petits navires destinés au service intérieur des ports, en réservant, toutefois, l'approbation de leur Cour.

M.^r le Comte de Clarendon fait remarquer que les bâtiments-transports ne devront pas être armés.

M.^r le Comte Orloff répond que, comme tous les transports employés par les autres Puissances dans d'autres mers, ceux de la Russie dans la Mer Noire seront exclusivement munis de l'armement de sûreté que comporte la nature du service auquel ils seront affectés.

M.^r le Comte de Clarendon ne croyant pas devoir admettre ces explications, la question est ajournée.

Le Congrès reprend la discussion du projet de rédaction du second point qui a fait l'objet de ses délibérations dans la séance du 6 mars.

M.^r le Comte de Buol expose que les principes,

établis par le Congrès de Vienne et destinés à régler la navigation des fleuves qui traversent plusieurs
États posent, comme règle principale, que les Puissances riveraines seront exclusivement appelées à
se concerter sur les réglements de police fluviale, et
à en surveiller l'exécution; que la Commission Européenne, dont il est fait mention dans la rédaction
insérée au protocole N.º V, comprendra, outre les
Délégués des Puissances riveraines du Danube, des
Délégués de Puissances non riveraines: que la Commission permanente, qui lui sera substituée, sera
chargée d'exécuter les résolutions prises par elle;
que, dès lors, et pour rester dans l'esprit comme
dans les termes de l'acte du Congrès de Vienne,
l'une et l'autre Commission devront borner leurs
travaux au Bas-Danube et à ses embouchures.

M.ᵣ le Comte Walewski rappelle les bases de la
négociation acceptées par toutes les Puissances contractantes, et portant que la liberté du Danube et
de ses embouchures sera efficacement assurée; qu'il
a été entendu, par conséquent, qu'il sera pourvu
à la libre navigation de ce fleuve.

M.ᵣ le Comte de Clarendon ajoute que, s'il en
était autrement, l'Autriche, restant seule en possession du Haut-Danube et participant à la navigation
de la partie inférieure du fleuve, acquerrait des
avantages particuliers et exclusifs que le Congrès
ne saurait consacrer.

Messieurs les Plénipotentiaires de l'Autriche répondent que tous les efforts de leur Gouvernement,
comme ses tendances, en matière commerciale, ont
pour objet d'établir et de propager, sur tous les
points de l'Empire, les principes d'une entière liberté, et que la libre navigation du Danube est
naturellement comprise dans les limites des améliorations, qu'il se propose; mais qu'il se trouve, à cet
égard, en présence d'engagements antérieurs, de
droits acquis, dont il est obligé de tenir compte;

que ses intentions répondent donc au vœu déposé dans les préliminaires de paix ; que, néanmoins, ils ne peuvent reconnaître aux Commissions, qu'il s'agit d'instituer, une autorité qui ne saurait leur appartenir sur le Haut-Danube.

M.^r le premier Plénipotentiaire de la France dit qu'il y a lieu, en effet, de distinguer entre deux résolutions également admises en principe, mais ayant, l'une et l'autre, un objet parfaitement distinct, que, d'une part, le Congrès doit pourvoir à la libre navigation du Danube, dans tout son parcours, sur les bases établies par le Congrès de Vienne ; et, de l'autre, aviser aux moyens de faire disparaître les obstacles qui entravent le mouvement commercial dans la partie inférieure du fleuve et à ses embouchures ; que c'est uniquement cette dernière tâche qui sera dévolue aux Commissaires qu'on se propose d'instituer ; mais qu'il n'est pas moins essentiel de s'entendre sur le développement du principe général, afin de compléter l'œuvre que les Puissances contractantes ont eu en vue en stipulant, comme il est dit dans les préliminaires, que la navigation du Danube et de ses embouchures sera efficacement assurée, en réservant les positions particulières des riverains qui seront réglées sur les principes établis par l'acte du Congrès de Vienne en matière de navigation fluviale.

Après les explications qui précèdent, il est décidé que Messieurs les Plénipotentiaires de l'Autriche présenteront à une des prochaines séances les amendements qu'ils croiront devoir proposer à la rédaction insérée au protocole N.° V.

(*Suivent les signatures*).

Certifié conforme à l'original.

Protocole N.º IX.

Séance du 14 mars 1856.

Présents :

Les Plénipotentiaires   *de l'Autriche,*
»   *de la France,*
»   *de la Grande Bretagne,*
»   *de la Russie,*
»   *de la Sardaigne,*
»   *de la Turquie,*

Le protocole de la séance précédente est lu et approuvé.

M.ʳ le Comte Orloff annonce que le tracé de délimitation entre la Russie et l'Empire Ottoman, en Europe, fixé par le Congrès dans sa séance du 10 mars, a obtenu l'approbation de sa Cour.

Le Congrès reprend l'examen de la rédaction des articles concernant les Principautés et destinés à figurer au Traité de paix, préparée par la Commission dont M.ʳ le Baron de Bourqueney, en qualité de rapporteur, a donné communication au Congrès dans la précédente séance.

Chaque paragraphe de cette rédaction fait l'objet d'une discussion à laquelle participent tous les Plénipotentiaires, et, après avoir été amendée sur deux points, elle est adoptée par le Congrès dans les termes suivants:

» Aucune protection exclusive ne sera dorénavant
» exercée sur les Principautés Danubiennes. Il n'y
» aura ni garantie exclusive, ni droit particulier
» d'ingérence dans leurs affaires intérieures. Elles
» continueront à jouir, sous la suzeraineté de la
» Sublime Porte et sous la garantie Européenne,

80

» des priviléges et immunités dont elles sont en
» possession.

» Dans la révision qui aura lieu des lois et sta-
» tuts aujourd'hui en vigueur, la Sublime Porte
» conservera auxdites Principautés une adminis-
» tration indépendante et nationale, ainsi que la
» pleine liberté de culte, de législation, de com-
» merce et de navigation.

» Pour établir entre elles un complet accord sur
» cette révision, une Commission spéciale, sur la
» composition de laquelle s'entendront les Hautes
» Parties contractantes, se réunira sans délai à
» Bucharest avec un Commissaire de la Sublime
» Porte.

» Cette Commission aura pour tâche de s'enquérir
» de l'état actuel des Principautés et de proposer
» les bases de leur future organisation.

» Sa Majesté le Sultan convoquera immédiatement
» dans chacune des deux Provinces, un Divan *ad*
» *hoc* composé de manière à constituer la repré-
» sentation la plus exacte des intérêts de toutes
» les classes de la société. Ces Divans seront ap-
» pelés à exprimer les vœux des populations rela-
» tivement à l'organisation définitive des Princi-
» pautés.

» Une instruction du Congrès réglera les rap-
» ports de la Commission avec ces Divans.

» Prenant en considération l'opinion émise par
» les deux Divans, la Commission transmettra sans
» retard au siége actuel des conférences son propre
» travail.

» L'entente finale avec la Puissance suzeraine sera
» consacrée par une Convention conclue à Paris
» entre les Hautes Parties contractantes; et un Hatti-
» Cheriff, conforme aux stipulations de la Conven-
» tion, constituera définitivement l'organisation de
» ces Provinces placées désormais sous la garantie
» collective de toutes les Puissances signataires.

» Il y aura une force armée nationale organisée
» dans le but de maintenir la sûreté de l'intérieur
» et d'assurer celle des frontières. Aucune entrave
» ne saurait être apportée aux mesures extraordi-
» naires de défense que les Principautés, d'accord
» avec la Sublime Porte, seraient appelées à pren-
» dre pour repousser toute agression étrangère.

» Si le repos intérieur des Principautés se trou-
» vait menacé ou compromis, les Puissances ga-
» rantes s'entendront avec la Sublime Porte sur
» les mesures à prendre pour maintenir ou rétablir
» l'ordre légal. Une intervention armée ne saurait
» avoir lieu sans une entente préalable entre ces
» Puissances. »

M.ʳ le premier Plénipotentiaire de Turquie fait
remarquer que, ses instructions ne lui permettant
pas d'adhérer définitivement à cette rédaction, il
réserve l'approbation de sa Cour qu'il sollicitera par
voie télégraphique.

Messieurs les membres de la Commission qui a
préparé le travail dont le Congrès vient de s'occuper,
sont chargés de vouloir bien se réunir pour élaborer
le projet d'un texte devant être également inséré
au Traité, et fixant les dispositions qui devront
être prises, s'il y a lieu, au sujet de la Servie.

M.ʳ le premier Plénipotentiaire de la France dit
qu'il y a lieu de convenir des termes dont on fera
usage dans le Traité pour constater l'entrée de la
Turquie dans le concert européen, et donne lecture
d'un projet en deux articles.

M.ʳ le premier Plénipotentiaire de la Turquie
pense qu'il conviendrait de s'en tenir à la rédaction
qu'il avait proposée aux conférences de Vienne, et
la soumet au Congrès.

Sur la proposition de M.ʳ le Comte Walewski,
le Congrès décide qu'une Commission, composée
d'Aali Pacha et de Messieurs les seconds Plénipotentiaires de l'Autriche, de la France, de la Grande

6

Bretagne, de la Russie et de la Sardaigne, se réunira le plus tôt possible pour préparer un projet de rédaction de toutes les stipulations du Traité de paix, en tenant compte des résolutions consignées aux protocoles, et renvoie à cette Commission les projets présentés par Messieurs les premiers Plénipotentiaires de la France et de la Turquie sur l'admission de l'Empire Ottoman dans le droit public européen.

M.ʳ le Comte Walewski annonce qu'en réponse à la communication qu'il a été chargé de faire parvenir à Berlin, comme organe du Congrès, il a reçu l'avis que la Prusse, se rendant à l'invitation qui lui a été adressée, a nommé, pour ses Plénipotentiaires, M.ʳ le Baron de Manteuffel, Président du Conseil, Ministre des Affaires Étrangères, et M.ʳ le Comte de Hatzfeldt, Envoyé extraordinaire et Ministre plénipotentiaire près la Cour de France.

(Suivent les signatures).

Certifié conforme à l'original.

Protocole N.º X.

1.ᵉʳᵉ Séance du 18 mars 1856.

Présents :

Les Plénipotentiaires   *de l'Autriche,*
    »   *de la France,*
    »   *de la Grande Bretagne,*
    »   *de la Russie,*
    »   *de la Sardaigne,*
    »   *de la Turquie.*

Le protocole de la précédente séance est lu et approuvé.

Messieurs les Plénipotentiaires de la Russie et de la Turquie présentent le projet de Convention concerté entre eux et relatif au nombre et aux dimensions des bâtiments légers que les Puissances riveraines entretiendront dans la Mer Noire pour la police de cette mer et la sûreté de leurs côtes. Après en avoir examiné les termes, le Congrès, trouvant ce projet conforme aux bases qui en ont été posées dans les préliminaires, décide que la copie, déposée et paraphée par Messieurs les premiers Plénipotentiaires de la Russie et de la Turquie, sera annexée au présent protocole.

La Commission de rédaction, par l'organe de son rapporteur M.ʳ le Baron de Bourqueney, rend compte de ses travaux. En cette qualité, M.ʳ le second Plénipotentiaire de la France expose que la Commission s'est occupée, en premier lieu, de l'ordre dans lequel les différentes stipulations seront insérées au Traité; et il ajoute qu'elle a adopté la distribution suivante: Rétablissement de la paix ; —

Évacuation des territoires occupés; — Prisonniers de guerre; — Amnistie; — Entrée de la Turquie dans le concert européen; — Le sort des chrétiens; — Révision de la Convention du 1841; — Neutralisation de la Mer Noire; — Liberté du Danube; — Nouveau tracé de la frontière de la Turquie européenne; — Les deux Principautés; — La Servie; — Commission mixte pour la révision de la frontière en Asie.

Passant à la lecture des textes préparés par la Commission, M.ʳ le Baron de Bourqueney donne communication d'un projet de préambule ainsi conçu:

» Sa Majesté l'Empereur des Français, Sa Majesté la Reine de la Grande Bretagne et d'Irlande,
» Sa Majesté l'Empereur de toutes les Russies, Sa
» Majesté le Roi de Sardaigne et Sa Majesté le Sul-
» tan, animées du désir de mettre un terme aux
» calamités de la guerre et voulant, de concert
» avec Sa Majesté l'Empereur d'Autriche, prévenir
» le retour des complications qui l'ont fait naître,
» sont tombées d'accord sur les moyens d'assurer,
» par des garanties efficaces et réciproques, l'indé-
» pendance et l'intégrité de l'Empire Ottoman; et
» Leurs dites Majestés, ayant arrêté les conditions
» propres à atteindre ce double but, ont invité Sa
» Majesté le Roi de Prusse à s'associer à cette
» œuvre de pacification générale.

» En conséquence Leurs Majestés ont nommé...
» . . . . »

M.ʳ le Baron de Bourqueney lit les paragraphes suivants:

» Il y aura, à dater de ce jour, paix et amitié
» entre Sa Majesté l'Empereur des Français, Sa
» Majesté la Reine du Royaume-Uni de la Grande
» Bretagne et d'Irlande, Sa Majesté le Roi de Sar-
» daigne, Sa Majesté le Sultan, d'une part, et Sa
» Majesté l'Empereur de toutes les Russies, de
» l'autre part, ainsi qu'entre leurs héritiers et suc-

» cesseurs, leurs États et sujets respectifs à per-
» pétuité.

» La paix étant heureusement rétablie entre les-
» dites Majestés, les territoires, conquis ou occupés
» pendant la guerre, seront réciproquement évacués.

» Des arrangements spéciaux régleront le mode
» de l'évacuation qui devra être aussi prompte que
» possible.

» Sa Majesté l'Empereur de toutes les Russies
» s'engage à restituer à Sa Majesté le Sultan la
» ville et citadelle de Kars aussi bien que les au-
» tres parties du territoire ottoman dont les Trou-
» pes russes se trouvent en possession.

» Leurs Majestés l'Empereur des Français, la
» Reine de la Grande Bretagne, le Roi de Sardaigne
» et le Sultan s'engagent à restituer à Sa Majesté
» l'Empereur de toutes les Russies les villes et
» ports de Sebastopol, Balaklava, Kamiesch, Eupa-
» toria, Kertch, Jenikalé, Kinburn, ainsi que tous
» autres territoires occupés par les Troupes alliées. »

Lord Cowley fait remarquer que le rapproche-
ment des deux derniers paragraphes peut laisser
croire que les Puissances belligérantes procèdent à
un échange, tandis que les préliminaires portent
que la Russie, en échange des territoires occupés
par les Armées alliées, consent à une rectification
de sa frontière avec la Turquie européenne.

M.r le second Plénipotentiaire de la Russie répond qu'il s'agit ici d'une restitution mutuelle des
territoires occupés, de part et d'autre, par les Armées belligérantes, et nullement de cession territoriale; que ce dernier point viendra à sa place
quand il y aura à procéder, ainsi que le stipulent
les préliminaires, à la rectification de la frontière
en Europe.

M.r le rapporteur de la Commission propose ensuite les paragraphes suivants:

» Sa Majesté l'Empereur de toutes les Russies et

» Leurs Majestés l'Empereur des Français, la Reine
» de la Grande Bretagne, le Roi de Sardaigne et le
» Sultan s'engagent à remettre en liberté les pri-
» sonniers de guerre aussitôt après l'échange des
» ratifications du présent Traité.

» Leurs Majestés l'Empereur des Français, la
» Reine de la Grande Bretagne, l'Empereur de
» toutes les Russies, le Roi de Sardaigne et le
» Sultan accordent une amnistie pleine et entière à
» tous ceux de leurs sujets qui auraient été com-
» promis par leur participation aux évènements de
» la guerre en faveur de la cause ennemie.

» Sa Majesté l'Empereur des Français, Sa Ma-
» jesté l'Empereur d'Autriche, Sa Majesté la Reine
» du Royaume-Uni de la Grande Bretagne et d'Ir-
» lande, Sa Majesté le Roi de Prusse, Sa Majesté
» l'Empereur de toutes les Russies et Sa Majesté le
» Roi de Sardaigne déclarent la Sublime Porte ad-
» mise à participer aux avantages du concert eu-
» ropéen. Leurs Majestés s'engagent, chacune de son
» côté, à respecter l'indépendance et l'intégrité
» territoriale de l'Empire ottoman, garantissent en
» commun la stricte observation de cet engagement,
» et considéreront, en conséquence, tout acte ou
» tout évènement, qui serait de nature à y porter
» atteinte, comme une question d'intérêt général.

» Les Conventions ou Traités conclus ou à con-
» clure entre Elles et la Sublime Porte, feront dé-
» sormais partie du droit public européen.

» S'il survenait, entre la Sublime Porte et l'une
» des Puissances contractantes, un dissentiment de
» nature à menacer le maintien de leurs relations,
» les deux États, avant de recourir à l'emploi de
» la force, mettront les autres Puissances en me-
» sure de prévenir cette extrémité par les voies de
» la conciliation. »

M.ʳ le Comte de Buol annonce qu'il a reçu les
instructions de sa Cour sur le deuxième point con-

cernant le Danube. Il déclare que l'Autriche adhère à l'entière application des principes établis par l'acte du Congrès de Vienne au Haut comme au Bas-Danube, pourvu, toutefois, que cette mesure soit combinée avec les engagements antérieurs pris, *bona fide*, par les États riverains. Il propose, en conséquence, une rédaction nouvelle qui a pour objet de répondre pleinement au principe de libre navigation déposé dans les préliminaires, en tenant compte, pendant un terme déterminé, de ces mêmes engagements.

Après avoir entendu la lecture de cette nouvelle rédaction, le Congrès décide que copie en sera annexée au présent protocole, et en renvoie la discussion à la prochaine séance.

Le présent protocole est lu et approuvé

(*Suivent les signatures*).

Certifié conforme à l'original.

Annexe au Protocole N.° X.

CONVENTION SÉPARÉE

ENTRE LA SUBLIME PORTE ET LA RUSSIE.

(Paraphes des deux premiers Plénipotentiaires)

ORLOFF.

AALI.

S. M. I. le Sultan et S. M. l'Empereur de toutes les Russies, prenant en considération le principe de la neutralisation de la Mer Noire consacré dans le Traité général, en date du   , auquel Elles sont parties contractantes, et voulant, en conséquence, régler, d'un commun accord, le nombre et la force des bâtiments qu'Elles se sont réservé d'entretenir dans la Mer Noire pour le service de leurs côtes, ont résolu de signer, dans ce but, une Convention spéciale, et ont nommé à cet effet :

S. M. I. le Sultan,

Aali Pacha, Grand Vézir et son premier Plénipotentiaire au Congrès de Paris, et Mehemmed-Djémil Bey, son Ambassadeur extraordinaire et plénipotentiaire :

Et S. M. l'Empereur de toutes les Russies ,

L'Aide-de-Camp Général Comte Orloff, son premier Plénipotentiaire au Congrès de Paris, etc.etc.etc. et le Baron de Brunnow, etc. etc. etc.

Art. 1.

Les Hautes Parties contractantes s'engagent mutuellement à n'avoir dans la Mer Noire d'autres bâtiments de guerre que ceux dont le nombre, la force et les dimensions sont stipulés ci-après.

Art. 2.

Chacune des deux Hautes Parties contractantes se réserve d'entretenir dans cette mer six bâtiments à vapeur de cinquante mètres de longueur à la flottaison, et quatre bâtiments légers d'un tonnage qui ne dépassera pas deux cents tonneaux chacun.

Annexe au Protocole N.º X.

Art. 1.

L'acte du Congrès de Vienne ayant établi les principes destinés à régler la navigation des fleuves traversant plusieurs États, les Puissances contractantes stipulent entre elles qu'à l'avenir ces principes seront également appliqués au Danube et à ses embouchures ; Elles déclarent que cette disposition fait désormais partie du droit public de l'Europe, et la prennent sous leur garantie.

La navigation du Danube ne pourra être assujettie à aucune entrave ni redevance qui ne serait pas expressément prévue par les stipulations qui suivent. En conséquence, il ne sera perçu aucun péage basé uniquement sur le fait de la navigation du fleuve, ni aucun droit sur les marchandises qui se trouvent à bord des navires, et il ne sera apporté aucun obstacle, quel qu'il soit, à la libre navigation.

Art. 2.

Dans le but de réaliser les dispositions de l'article précédent, une Commission, composée des Délégués de l'Autriche, de la France, de la Grande Bretagne, de la Prusse, de la Russie, de la Sardaigne et de la Turquie, sera chargée de désigner les travaux nécessaires pour dégager l'embouchure du Danube des sables qui l'obstruent, et d'ordonner l'exécution de ces travaux.

Pour couvrir les frais de ces travaux ainsi que des établissements ayant pour objet d'assurer et de faciliter la navigation aux bouches du Danube, des droits fixes, d'un taux convenable, pourront être prélevés, à la condition expresse que, sous ce rapport comme sous tous les autres, les pavillons de toutes les nations seront traités sur le pied d'une parfaite égalité.

Art. 3.

Une Commission sera établie qui se composera des Délégués de l'Autriche, de la Bavière, du Wurtemberg, de la Servie, de la Valachie, de la Moldavie et de la Turquie. Elle sera permanente, élaborera *a*. Les réglements de navigation et de police fluviale ; *b*. Fera disparaître les entraves législatives qui s'opposent encore à l'application au Danube des dispositions du Traité de Vienne ; *c*. Ordonnera et fera exécuter les travaux nécessaires sur tout le parcours du fleuve.

Art. 4.

Il est entendu que la Commission européenne aura rempli sa tâche, et que la Commission riveraine aura terminé les travaux, désignés dans l'article précédent par les lettres *a* et *b*, dans l'espace de deux ou trois ans, ou plus tôt, si faire se peut. La conférence siégeant à Paris, informée de ce fait, après en avoir pris acte, prononcera la dissolution de la Commission européenne.

Art. 5.

Afin d'assurer l'exécution des réglements qui auront été arrêtés d'un commun accord, d'après les principes ci-dessus énoncés, chacune des Puissances contractantes aura le droit de faire stationner (un ou deux) bâtiments légers aux embouchures du Danube.

Protocole N.º XI.

2.ᵉ Séance du 18 mars 1856.

Présents :

Les Plénipotentiaires *de l'Autriche,*
»   *de la France,*
»   *de la Grande Bretagne,*
»   *de la Prusse,*
»   *de la Russie,*
»   *de la Sardaigne,*
»   *de la Turquie.*

M.ʳ le Comte Walewski annonce que l'arrivée des Plénipotentiaires Prussiens à Paris lui a été notifiée par M.ʳ le Comte de Hatzfeldt.

M.ʳ le Baron de Manteuffel et M.ʳ le Comte de Hatzfeldt étant introduits, présentent leurs pleins pouvoirs qui sont trouvés en bonne et due forme et déposés aux actes du Congrès.

Il est remis à Messieurs les Plénipotentiaires de la Prusse une copie des protocoles des séances précédentes.

M.ʳ le Baron de Bourqueney donne lecture des paragraphes préparés pour le renouvellement de la Convention des détroits ; ces paragraphes sont conçus dans les termes suivants :

« La Convention du 13 juillet 1841, qui main-
» tient l'antique règle de l'Empire Ottoman rela-
» tive à la clôture des détroits du Bosphore et des
» Dardanelles, a été revisée d'un commun accord.

» L'acte conclu à cet effet et conformément à
» ce principe, est et demeure annexé au présent
» Traité. »

M.^r le Comte Walewski propose de confier à une Commission le soin de rédiger l'instrument destiné à remplacer la Convention du 13 juillet 1841 ; le Congrès adhère, et la Commission est composée de Messieurs les premiers Plénipotentiaires de la Prusse et de la Turquie et de Messieurs les seconds Plénipotentiaires de la France, de la Grande Bretagne, de la Russie et de la Sardaigne.

(*Suivent les signatures*).

Certifié conforme à l'original.

Protocole N.º XII.

Séance du 22 mars 1856.

Présents :

Les Plénipotentiaires *de l'Autriche*,
　　　　　　》　　　*de la France*,
　　　　　　》　　　*de la Grande Bretagne*,
　　　　　　》　　　*de la Prusse*,
　　　　　　》　　　*de la Russie*,
　　　　　　》　　　*de la Sardaigne*,
　　　　　　》　　　*de la Turquie*.

Le protocole de la seconde séance, tenue le 18 mars 1856, est lu et approuvé.

M.ʳ le Comte Orloff fait savoir au Congrès que la Cour de Russie a donné son approbation au projet de Convention concerté entre Messieurs les Plénipotentiaires de la Turquie et de la Russie, et qui a été annexé au protocole N.º X.

M.ʳ le Comte Walewski propose de désigner une Commission qui sera chargée de présenter au Congrès un projet définitif de préambule.

Cette proposition est adoptée et la Commission est composée de Messieurs les seconds Plénipotentiaires.

(*Suivent les signatures*).

Certifié conforme à l'original.

Protocole N.º XIII.

Séance du 24 mars 1856.

Présents :

Les Plénipotentiaires   *de l'Autriche,*
          »   *de la France,*
          »   *de la Grande Bretagne,*
          »   *de la Prusse,*
          »   *de la Russie,*
          »   *de la Sardaigne,*
          »   *de la Turquie.*

Le protocole de la précédente séance est lu et approuvé.

M.ʳ le Baron de Bourqueney rend compte des travaux de la Commission chargée de préparer le projet définitif du préambule du Traité général. La Commission, dit M.ʳ le second Plénipotentiaire de la France, avait pour tâche de trouver une rédaction qui, en faisant la part de toutes les situations, fût également satisfaisante pour chacune des Puissances qui concourent à l'œuvre de la paix.

Lecture est donnée, en ces termes, du projet unanimement accepté par la Commission:

« Leurs Majestés . . . .
» animées du désir de mettre un terme aux calamités de la guerre, et voulant prévenir le retour
» des complications qui l'ont fait naître, ont résolu
» de s'entendre, avec Sa Majesté l'Empereur d'Autriche, sur les bases à donner au rétablissement
» et à la consolidation de la paix, en assurant, par
» des garanties efficaces et réciproques, l'indépendance et l'intégrité de l'Empire Ottoman.

» A cet effet, Leurs dites Majestés ont nommé
» pour Plénipotentiaires . . . .
» lesquels se sont réunis en Congrès à Paris.

» L'entente ayant été heureusement établie entre
» eux, Leurs Majestés l'Empereur des Français,
» l'Empereur d'Autriche, la Reine du Royaume de la
» Grande Bretagne, l'Empereur de toutes les Russies,
» le Roi de Sardaigne et le Sultan, considérant que,
» dans un intérêt Européen, Sa Majesté le Roi de
» Prusse, signataire de la Convention du 13 juillet
» 1841, devait être appelée à participer aux nou-
» veaux arrangements à prendre, et appréciant la
» valeur qu'ajouterait à une œuvre de pacification
» générale le concours de Sa dite Majesté, l'ont
» invitée à envoyer des Plénipotentiaires au Congrès.

» En conséquence Sa Majesté le Roi de Prusse
» a nommé pour ses Plénipotentiaires . . . . . . »

Le Congrès adopte.

M.ʳ le Comte Walewski rappelle que le Congrès
a décidé, dans une de ses précédentes séances,
qu'il serait fait mention, dans le Traité général,
du Hatti-cheriff rendu récemment par Sa Majesté le
Sultan en faveur de ses sujets non musulmans; qu'il
a été convenu, toutefois, que cette mention serait
conçue, à la fois, dans des termes propres à établir la spontanéité dont le Gouvernement Ottoman
a usé dans cette circonstance, et de façon qu'il ne
pût, en aucun cas, en résulter un droit d'ingérence
pour les autres Puissances.

M.ʳ le Comte Walewski propose d'insérer au Traité
général, sur le quatrième point, la rédaction suivante
qui lui semble remplir les intentions du Congrès:

« Sa Majesté Impériale le Sultan, dans sa cons-
» tante sollicitude pour le bien-être de tous ses
» sujets, sans distinction de religion ni de race, ayant
» octroyé un firman qui consacre également ses
» généreuses intentions envers les populations chré-
» tiennes de son Empire, et voulant donner un

» nouveau témoignage de ses sentiments à cet égard,
» a résolu de communiquer aux Puissances contrac-
» tantes ledit firman spontanément émané de sa
» volonté souveraine.

» Il est bien entendu que cette communication,
» dont les Puissances contractantes constatent la
» haute valeur, ne saurait, en aucun cas, donner
» le droit auxdites Puissances de s'immiscer soit
» collectivement, soit séparément, dans les rapports
» de Sa Majesté le Sultan avec ses sujets, ni dans
» l'administration intérieure de son Empire. »

Messieurs les Plénipotentiaires de l'Autriche, de
la Grande Bretagne et de la Turquie appuient cette
proposition comme répondant pleinement à l'objet
qu'on se propose. Aali Pacha ajoute qu'il ne lui
serait pas possible de se rallier à toute autre rédaction, si elle tendait à conférer aux Puissances
un droit de nature à limiter l'autorité souveraine
de la Sublime Porte.

Messieurs les Plénipotentiaires de la Russie répondent que ce point mérite une attention particulière, et qu'ils ne sauraient exprimer leur opinion
avant d'avoir examiné avec soin la rédaction mise
en délibération; ils en demandent le renvoi à une
Commission.

Messieurs les Plénipotentiaires de la France et
de la Grande Bretagne combattent la proposition
de Messieurs les Plénipotentiaires de la Russie, en
se fondant, à leur tour, sur l'importance même de
la question qui demande à être délibérée *in pleno*.

Il est décidé que la discussion aura lieu, en Congrès, dans la prochaine séance.

M.^{r} le premier Plénipotentiaire de France commu-
nique les articles relatifs à la Servie, et qui ont été
rédigés par la Commission des Principautés.

Sur la proposition de M.^{r} le Comte de Clarendon,
le Congrès arrête que ces articles seront insérés au

présent protocole, et en remet l'examen à la réunion suivante.

Ces articles sont ainsi conçus:

Article:

« La Principauté de Servie continuera à relever
» de la Sublime Porte, conformément aux Hats im-
» périaux qui fixent et déterminent les droits et
» immunités dont elle jouit.

» En conséquence, ladite Principauté conservera
» son administration indépendante et nationale, ainsi
» que la pleine liberté de culte, de législation, de
» commerce et de navigation.

» Les améliorations, qu'il pourrait devenir né-
» cessaire d'introduire dans les institutions actuelles
» de la Principauté de Servie, ne devront être que
» le résultat d'un concert entre la Sublime Porte
» et les autres Parties contractantes. »

Article:

« Le droit de garnison de la Porte, tel qu'il se
» trouve stipulé par les réglements antérieurs, est
» maintenu. »

Article:

« La Servie se trouvant désormais placée sous
» la garantie collective de toutes les Puissances,
» aucune intervention armée exclusive ne pourra
» avoir lieu sur son territoire de la part de l'une
» ou l'autre des Puissances contractantes. »

(Suivent les signatures).

Certifié conforme à l'original.

Protocole N.° XIV.

Séance du 23 mars 1856.

Présents :

Les Plénipotentiaires *de l'Autriche*,
»   *de la France*,
»   *de la Grande Bretagne*,
»   *de la Prusse*,
»   *de la Russie*,
»   *de la Sardaigne*,
»   *de la Turquie*.

Le protocole de la précédente séance est lu et approuvé.

Messieurs les Plénipotentiaires de la Russie sont invités à faire part au Congrès des observations qu'ils se sont réservé de présenter sur la rédaction insérée au protocole N.° XIII, et relative au quatrième point.

M.ʳ le Baron de Brunnow expose qu'en assurant aux chrétiens de l'Empire Ottoman l'entière jouissance de leurs priviléges, on a donné à la paix une garantie de plus et qui ne sera pas la moins précieuse ; qu'à ce titre on ne saurait trop apprécier l'importance du Hatti-Cheriff récemment émané de la volonté souveraine du Sultan ; que les Plénipotentiaires de la Russie n'hésitent pas à reconnaître et sont, en outre, heureux de déclarer que cet acte, dont chaque paragraphe atteste hautement les intentions bienveillantes du Souverain qui l'a rendu, réalise et dépasse même toutes leurs espérances ; que ce sera rendre hommage à la haute sagesse du Sultan, et témoigner de la sollicitude qui anime

également tous les Gouvernements de l'Europe que
d'en faire mention dans le Traité de paix ; qu'on
est d'accord sur ce point, et qu'il ne s'agit plus
que de s'entendre sur les termes. M.ʳ de Brunnow
ajoute que l'intérêt particulier, que la Russie porte
aux chrétiens de la Turquie, l'avait déterminée à
donner son entier assentiment à une première rédaction qui semble, cependant, avoir soulevé certaines objections, bien que cette rédaction conformément à l'avis unanime du Congrès, fît remonter
exclusivement à la volonté souveraine et spontanée
du Sultan l'acte qu'on veut rappeler dans le Traité,
et stipulât qu'il ne pouvait en résulter un droit
quelconque d'ingérence pour aucune Puissance.

Par égard, dit-il encore, pour des susceptibilités
que nous respectons, nous y renonçons donc, et nous
proposons au Congrès une rédaction qui nous semble satisfaire à toutes les nécessités, en restant dans
les limites qui nous sont tracées. M.ʳ le Baron de
Brunnow donne lecture de cette rédaction qui est
ainsi conçue :

« Sa Majesté le Sultan, dans sa constante solli-
» citude pour le bien-être de tous ses sujets, sans
» distinction de religion ni de race, ayant octroyé
» un Firman qui consacre ses généreuses intentions
» envers les populations chrétiennes de son Empire,
» a résolu de porter ledit Firman à la connais-
» sance des Puissances contractantes.

» Leurs Majestés l'Empereur des Français, etc.
» constatent la haute valeur de cet acte spontané
» de la volonté souveraine de Sa Majesté le Sultan.
» Leurs dites Majestés acceptent cette communica-
» tion comme un nouveau gage de l'amélioration
» du sort des chrétiens en Orient, objet commun
» de leurs vœux, dans un intérêt général d'huma-
» nité, de civilisation et de piété.

» En manifestant, à cet égard, l'unanimité de
» leurs intentions, les Hautes Parties contractantes

» déclarent, d'un commun accord, que la commu-
» nication de l'acte ci-dessus mentionné ne saurait
» donner lieu à aucune ingérence collective, ou
» isolée dans les affaires d'administration intérieure
» de l'Empire Ottoman au préjudice de l'indépen-
» dance et de la dignité de l'autorité souveraine
» dans ses rapports avec ses sujets. »

M.ʳ le premier Plénipotentiaire de la France et,
après lui, M.ʳ le Comte de Clarendon font remarquer que le projet présenté par Messieurs les Plénipotentiaires de la Russie ne diffère pas essentiel-
lement de celui auquel ils demandent à le substituer,
et qu'en insistant, ils placeraient Messieurs les Plénipotentiaires de la Turquie dans l'obligation d'en
référer de nouveau à Constantinople, et provoque-
raient ainsi de nouveaux ajournements; que les différences, qu'on remarque entre les deux textes,
ont une portée digne d'occuper le Congrès, et, dans
ce cas, Messieurs les Plénipotentiaires de la Russie
devraient en préciser le caractère et la nature, ou
que ces différences sont insignifiantes comme on
peut le croire sur une simple lecture, et que, dès
lors, il conviendrait de s'en tenir à la redaction
qui a déjà obtenu l'agrément du Gouvernement Ottoman, principal intéressé dans la question.

M.ʳ le Comte Orloff répond que, d'accord avec
M.ʳ le Baron de Brunnow et prenant en considération les motifs énoncés par Messieurs les Plénipotentiaires de la France et de la Grande Bretagne,
il renonce à faire agréer le projet présenté par M.ʳ
le second Plénipotentiaire de la Russie, et qu'il se
rallie à celui qui a été présenté par M.ʳ le Comte
Walewski, en demandant, toutefois, un léger changement, et réservant l'approbation de sa Cour.

Lord Cowley dit qu'il ne peut laisser passer les
expressions dont s'est servi M.ʳ le Baron de Brunnow
en parlant de l'intérêt particulier que la Russie
porte aux sujets chrétiens du Sultan, et que l'in-

térêt, que les autres Puissances chrétiennes n'ont cessé de leur témoigner, n'est ni moins grand, ni moins particulier.

M.ʳ le Baron de Brunnow répond qu'en rappelant les dispositions, dont sa Cour a toujours été animée, il n'a pas entendu révoquer en doute ou contester celles des autres Puissances pour leurs corréligionnaires.

Après avoir déclaré que ses instructions ne lui permettent d'adhérer à aucune modification sans prendre les ordres de son Gouvernement, Aali Pacha, reconnaissant que le changement demandé par M.ʳ le Comte Orloff consiste dans une simple transposition de mots, y donne son assentiment, et le Congrès adopte la rédaction suivante devenue définitive, sauf la réserve faite plus haut par M.ʳ le premier Plénipotentiaire de la Russie :

« Sa Majesté Impériale le Sultan, dans sa con-
» stante sollicitude pour le bien-être de ses sujets,
» sans distinction de religion ni de race, ayant
» octroyé un Firman qui, en améliorant leur sort,
» consacre également ses généreuses intentions en-
» vers les populations chrétiennes de son Empire,
» et voulant donner un nouveau témoignage de ses
» sentiments à cet égard, a résolu de communiquer
» aux Puissances contractantes ledit Firman spon-
» tanément émané de sa volonté souveraine.

» Les Puissances contractantes constatent la haute
» valeur de cette communication.

» Il est bien entendu qu'elle ne saurait, en aucun
» cas, donner le droit auxdites Puissances de
» s'immiscer soit collectivement, soit séparément
» dans les rapports de Sa Majesté le Sultan avec
» ses sujets, ni dans l'administration intérieure de
» son Empire. »

M.ʳ le Comte Walewski dit que l'état de guerre ayant invalidé les traités et conventions qui existaient entre la Russie et les autres Puissances

belligérantes, il y a lieu de convenir d'une stipulation transitoire qui fixe les rapports commerciaux
de leurs sujets respectifs à dater de la conclusion
de la paix.

M.ᵣ le Comte de Clarendon émet l'avis qu'il conviendrait de stipuler mutuellement, pour le commerce et pour la navigation, le traitement de la
nation la plus favorisée, en attendant que chaque
Puissance alliée puisse renouveler avec la Russie ses
anciens traités, ou bien en négocier de nouveaux.

Messieurs les Plénipotentiaires de la Russie répondent qu'ils sont sans instructions à cet égard,
et qu'il ne leur serait pas permis de prendre des
engagements propres à créer un état de choses dif-
férent de celui qui existait avant la guerre, et qu'a-
vant de se prêter à la combinaison proposée par
M.ᵣ le Comte de Clarendon, ils devraient en référer
à leur Cour ; que la Russie a conclu, d'ailleurs,
avec des États limitrophes, des traités qui accordent aux sujets respectifs des avantages qu'il ne lui
conviendrait pas, peut-être, de concéder même tem-
porairement aux sujets d'autres Puissances, attendu
qu'il pourrait ne pas en résulter une juste récipro-
cité ; et, par ces motifs, ils proposent de convenir
que les traités et conventions, existant avant la
guerre, seront remis en vigueur pendant un délai
déterminé et suffisant pour permettre aux Parties
de se concerter sur de nouvelles stipulations.

La question étant réservée, M.ᵣ le Comte de Clarendon dit qu'en appelant la Turquie à faire partie
du système politique de l'Europe, les Puissances
contractantes donneraient un témoignage éclatant
des dispositions qui les unissent et de leur sollicitude pour les intérêts généraux de leurs sujets respectifs, si elles cherchaient à s'entendre dans le
but de mettre les rapports de leur commerce et de
leur navigation en harmonie avec la position nouvelle qui sera faite à l'Empire Ottoman.

M.^r le Comte Walewski appuie cet avis, et il se fonde sur les principes nouveaux qui vont sortir des délibérations du Congrès, et sur les garanties que les récentes mesures, prises par le Gouvernement du Sultan, donnent à l'Europe.

M.^r le Comte de Cavour fait remarquer qu'aucune Puissance ne possède une législation commerciale d'un caractère plus libéral que celle de la Turquie, et que l'anarchie, qui règne dans les transactions ou plutôt dans les rapports personnels des étrangers résidant dans l'Empire Ottoman, tient à des stipulations nées d'une situation exceptionnelle.

M.^r le Baron de Manteuffel dit que la Prusse ayant eu à négocier un traité de commerce avec la Porte, il a eu occasion de constater les difficultés de toute nature auxquelles donne lieu la multiplicité des conventions conclues avec la Turquie et stipulant, pour chaque Puissance, le traitement de la nation la plus favorisée.

M.^r le Comte de Buol reconnaît qu'il résulterait certains avantages du règlement des relations commerciales de la Turquie avec les autres Puissances; mais, les intérêts différant avec les situations respectives, il ne peut être procédé qu'avec une extrême circonspection à un remaniement qui toucherait à des positions acquises et remontant aux premiers temps de l'Empire Ottoman.

Aali Pacha attribue toutes les difficultés qui entravent les relations commerciales de la Turquie et l'action du Gouvernement Ottoman à des stipulations qui ont fait leur temps. Il entre dans des détails tendant à établir que les priviléges acquis, par les capitulations, aux Européens, nuisent à leur propre sécurité et au développement de leurs transactions, en limitant l'intervention de l'administration locale; que la juridiction, dont les agents étrangers couvrent leurs nationaux, constitue une multiplicité de gouvernements dans le gouvernement et, par conséquent, un obstacle infranchissable à toutes les améliorations.

M.ᵣ le Baron de Bourqueney et les autres Pléni-potentiaires avec lui reconnaissent que les capitulations répondent à une situation à laquelle le traité de paix tendra nécessairement à mettre fin, et que les privilèges, qu'elles stipulent pour les personnes, circonscrivent l'autorité de la Porte dans des limites regrettables; qu'il y a lieu d'aviser à des tempéraments propres à tout concilier; mais qu'il n'est pas moins important de les proportionner aux réformes que la Turquie introduit dans son administration, de manière à combiner les garanties nécessaires aux étrangers avec celles qui naîtront des mesures dont la Porte poursuit l'application.

Ces explications échangées, Messieurs les Pléni-potentiaires reconnaissent unanimement la nécessité de reviser les stipulations qui fixent les rapports commerciaux de la Porte avec les autres Puissances, ainsi que les conditions des étrangers résidant en Turquie; et ils décident de consigner au présent protocole le vœu qu'une délibération soit ouverte à Constantinople, après la conclusion de la paix, entre la Porte et les représentants des autres Puissances contractantes, pour atteindre ce double but dans une mesure propre à donner une entière satisfaction à tous les intérêts légitimes.

Le Congrès reprend la discussion des articles relatifs à la Servie; M.ᵣ le Comte Walewski en donne lecture: après avoir été remaniés, ces articles sont agréés par le Congrès dans les termes suivants:

» Article:

« La Principauté de Servie continuera à relever
» de la Sublime Porte, conformément aux Hats
» Impériaux qui fixent et déterminent ses droits et
» immunités placés, désormais, sous la garantie
» collective des Puissances contractantes.

» En conséquence, la dite Principauté conservera
» son administration indépendante et nationale, ainsi
» que la pleine liberté de culte, de législation, de
» commerce et de navigation.

» Sa Majesté le Sultan s'engage à rechercher, de
» concert avec les Hautes Puissances contractantes,
» les améliorations que comporte l'organisation
» actuelle de la Principauté.

» Article:

» Le droit de garnison de la Sublime Porte, tel
» qu'il se trouve stipulé par les réglements anté-
» rieurs, est maintenu. Aucune intervention armée
» ne pourra avoir lieu sur son territoire sans un
» accord préalable entre les Hautes Puissances
» contractantes. »

Le Congrès arrête, en outre, que les Ministres
de la Porte s'entendront, à Constantinople, avec
les représentants des autres Puissances contractantes,
sur les moyens les plus propres à mettre un terme
aux abus constatés par une investigation dont ils
détermineront entre eux la nature.

M.ʳ le Comte de Buol pense qu'il serait utile, à
l'occasion des différents points dont le Congrès vient
de s'occuper, d'obtenir de Messieurs les Plénipotentiaires de la Russie, au sujet du Montenegro,
des assurances qu'ils sont vraisemblablement disposés à donner. Il ajoute que des circonstances,
qui remontent à diverses époques, ont pu faire
croire que la Russie entendait exercer, dans cette
province, une action ayant une certaine analogie
avec celle qui lui avait été dévolue dans les provinces Danubiennes, et que ses Plénipotentiaires
pourraient, au moyen d'une déclaration qui resterait
consignée au protocole, lever tous les doutes à cet
égard.

Messieurs les Plénipotentiaires de la Russie répondent qu'il n'a été fait mention du Montenegro

ni dans les documents qui sont sortis des conférences de Vienne, ni dans les actes qui ont précédé
la réunion du Congrès; que, néanmoins, ils n'hésitent pas à déclarer, puisqu'ils sont interpellés,
que leur Gouvernement n'entretient avec le Montenegro d'autres rapports que ceux qui naissent des
sympathies des Monténégrins pour la Russie et des
dispositions bienveillantes de la Russie pour ces
montagnards.

Cette déclaration est jugée satisfaisante, et le
Congrès passe à l'examen des articles relatifs aux
Principautés Danubiennes, qui ont été revus par
la Commission de rédaction.

Après avoir été l'objet d'une nouvelle discussion,
ces articles restent consignés au protocole ainsi
qu'il suit:

» Article:

« Les Principautés de Valachie et de Moldavie
» continueront à jouir, sous la suzeraineté de la
» Porte et sous la garantie européenne, des privi-
» léges et des immunités dont elles sont en posses-
» sion. Aucune protection exclusive ne sera exercée
» sur elles par une des Puissances garantes. Il n'y
» aura aucun droit particulier d'ingérence dans
» leurs affaires intérieures.

» Article:

» La Sublime Porte s'engage à conserver auxdites
» Principautés une administration indépendante et
» nationale, ainsi que la pleine liberté de culte,
» de législation, de commerce et de navigation.

» Les lois et statuts, aujourd'hui en vigueur,
» seront revisés. Pour établir un complet accord
» sur cette révision, une Commission spéciale, sur
» la composition de laquelle les Hautes Parties con-
» tractantes s'entendront, se réunira, sans délai, à
» Bucharest, avec un Commissaire de la Sublime Porte.

» Cette Commission aura pour tâche de s'enquérir
» de l'état actuel des Principautés, et de proposer
» les bases de leur future organisation.

» Article:

» Sa Majesté le Sultan promet de convoquer im-
» médiatement, dans chacune des deux provinces,
» un Divan *ad hoc*, composé de manière à consti-
» tuer la représentation la plus exacte des intérêts
» de toutes les classes de la société. Ces Divans
» seront appelés à exprimer les vœux des popula-
» tions relativement à l'organisation définitive des
» Principautés.
» Une instruction du Congrès réglera les rapports
» de la Commission avec ces Divans.

» Article:

» Prenant en considération l'opinion émise par
» les deux Divans, la Commission transmettra, sans
» retard, au siége actuel des conférences, le résultat
» de son propre travail.
» L'entente finale avec la Puissance suzeraine sera
» consacrée par une Convention conclue à Paris entre
» les Hautes Parties contractantes; et un Hatti-
» Cheriff, conforme aux stipulations de la Conven-
» tion, constituera définitivement l'organisation de
» ces provinces placées désormais sous la garantie
» collective de toutes les Puissances signataires.

» Article:

» Il est convenu qu'il y aura une force armée
» nationale, organisée dans le but de maintenir la
» sûreté de l'intérieur et d'assurer celle des fron-
» tières. Aucune entrave ne pourra être apportée
» aux mesures extraordinaires de défense que les
» Principautés, d'accord avec la Sublime Porte,
» seraient appelées à prendre pour repousser toute
» agression étrangère.

» Article :

» Si le repos intérieur des Principautés se trou-
» vait menacé ou compromis, la Sublime Porte
» s'entendra, avec les autres Puissances contractan-
» tes, sur les mesures à prendre pour maintenir
» ou rétablir l'ordre légal. Aucune intervention
» armée ne pourra avoir lieu sans un accord préa-
» lable entre ces Puissances. »

Sur une observation présentée par M.ʳ le Comte
de Clarendon, il demeure entendu que le Firman
prescrivant la convocation des Divans *ad hoc* sera
concerté avec les représentants des Puissances contractantes à Constantinople, et rédigé de manière
à pourvoir à l'entière exécution de l'article qui détermine la composition de ces assemblées.

Avant de lever la séance, M.ʳ le Comte Walewski fait remarquer que la plupart des articles
du Traité général ayant été arrêtés et se trouvant
insérés aux protocoles, le Congrès, dans la prochaine réunion, pourra passer en revue tous les
textes destinés à composer l'instrument final.

(*Suivent les signatures*).

Certifié conforme à l'original.

Protocole N.º XV.

Séance du 26 mars 1856.

Présents :

Les Plénipotentiaires   *de l'Autriche,*
        »   *de la France,*
        »   *de la Grande Bretagne,*
        »   *de la Prusse,*
        »   *de la Russie,*
        »   *de la Sardaigne,*
        »   *de la Turquie.*

Lecture étant donnée du protocole de la séance précédente, Messieurs les Plénipotentiaires de l'Autriche, de la Grande Bretagne et de la Turquie déclarent considérer les explications fournies par Messieurs les Plénipotentiaires de la Russie, au sujet du Montenegro, comme impliquant l'assurance que la Russie n'entretient pas avec cette province des relations d'un caractère politique exclusif.

Aali Pacha ajoute que la Porte regarde le Montenegro comme partie intégrante de l'Empire Ottoman, et déclare, toutefois, que la Sublime Porte n'a pas l'intention de changer l'état des choses actuel. Après ces explications, le protocole est lu et approuvé.

M.ʳ le Comte Walewski donne une lecture générale et définitive de toutes les stipulations adoptées par le Congrès, et qui sont successivement insérées au présent protocole, après avoir reçu les modifications convenues d'un commun accord :

« Leurs Majestés etc., animées du désir de mettre
» un terme aux calamités de la guerre, et voulant

» prévenir le retour des complications qui l'ont
» fait naître, ont résolu de s'entendre, avec Sa
» Majesté l'Empereur d'Autriche, sur les bases à
» donner au rétablissement et à la consolidation
» de la paix, en assurant, par des garanties effi-
» caces et réciproques, l'indépendance et l'inté-
» grité de l'Empire Ottoman.

» A cet effet, Leurs dites Majestés ont nommé
» pour Plénipotentiaires . . . .
» lesquels se sont réunis en Congrès à Paris. .

» L'entente ayant été heureusement établie entre
» eux, Leurs Majestés l'Empereur des Français,
» l'Empereur d'Autriche, la Reine du Royaume-Uni
» de la Grande Bretagne et d'Irlande, l'Empereur
» de toutes les Russies, le Roi de Sardaigne et le
» Sultan, considérant que, dans un intérêt euro-
» péen, Sa Majesté le Roi de Prusse, signataire
» de la Convention du 13 juillet 1841, devait être
» appelée à participer aux nouveaux arrangements
» à prendre, et appréciant la valeur qu'ajouterait
» à une œuvre de pacification générale le concours
» de Sa dite Majesté, l'ont invitée à envoyer des
» Plénipotentiaires au Congrès.

» En conséquence, Sa Majesté le Roi de Prusse
» a nommé pour ses Plénipotentiaires . . . .

Art. 1.

» Il y aura, à dater du jour de l'échange des
» ratifications du présent Traité, paix et amitié
» entre Sa Majesté l'Empereur des Français, Sa
» Majesté la Reine du Royaume-Uni de Grande Bre-
» tagne et d'Irlande, Sa Majesté le Roi de Sardaigne,
» Sa Majesté le Sultan, d'une part, et Sa Majesté
» l'Empereur de toutes les Russies, de l'autre part,
» ainsi qu'entre leurs héritiers et successeurs, leurs
» États et sujets respectifs à perpétuité.

Art. 2.

» La paix étant heureusement établie entre Leurs

» dites Majestés, les territoires, conquis ou occupés
» par leurs armées pendant la guerre, seront ré-
» ciproquement évacués.

» Des arrangements spéciaux régleront le mode
» de l'évacuation qui devra être aussi prompte que
» faire se pourra.

Art. 3.

» Sa Majesté l'Empereur de toutes les Russies
» s'engage à restituer à Sa Majesté le Sultan la
» ville et citadelle de Kars, aussi bien que les autres
» parties du territoire Ottoman dont le troupes russes
» se trouvent en possession.

Art. 4.

» Leurs Majestés l'Empereur des Français, la
» Reine du Royaume-Uni de Grande Bretagne et
» d'Irlande, le Roi de Sardaigne et le Sultan s'en-
» gagent à restituer à Sa Majesté l'Empereur de
» toutes les Russies les villes et ports de Sebastopol,
» Balaklava, Kamiesch, Eupatoria, Kertch, Jeni-
» kalch, Kinburn, ainsi que tous autres territoires
» occupés par les troupes alliées.

Art. 5.

» Leurs Majestés l'Empereur des Français, la
» Reine du Royaume-Uni de Grande Bretagne et
» d'Irlande, l'Empereur de toutes les Russies, le
» Roi de Sardaigne et le Sultan accordent une
» amnistie pleine et entière à tous ceux de leurs
» sujets qui auraient été compromis par une par-
» ticipation quelconque aux évènements de la guerre
» en faveur de la cause ennemie.

» Il est expressément entendu que cette amnistie
» s'étendra aux sujets de chacune des parties bel-
» ligérantes qui auraient continué, pendant la
» guerre, à être employés dans le service de l'un
» des autres belligérants.

Art. 6.

» Les prisonniers de guerre seront immédiate-
» ment rendus de part et d'autre.

Art. 7.

» Sa Majesté l'Empereur des Français, Sa Majesté
» l'Empereur d'Autriche, Sa Majesté la Reine du
» Royaume-Uni de Grande Bretagne et d'Irlande,
» Sa Majesté le Roi de Prusse, Sa Majesté l'Em-
» pereur de toutes les Russies, et Sa Majesté le
» Roi de Sardaigne déclarent la Sublime Porte
» admise à participer aux avantages du droit public
» et du concert européen. Leurs Majestés s'enga-
» gent, chacune de son côté, à respecter l'indé-
» pendance et l'intégrité territoriale de l'Empire
» Ottoman, garantissent en commun la stricte ob-
» servation de cet engagement, et considéreront,
» en conséquence, tout acte de nature à y porter
» atteinte comme une question d'intérêt général.

Art. 8.

» S'il survenait, entre la Sublime Porte et l'une
» ou plusieurs des autres Puissances signataires,
» un dissentiment qui menaçât le maintien de leurs
» relations, la Sublime Porte et chacune de ces
» Puissances, avant de recourir à l'emploi de la
» force, mettront les autres Parties contractantes
» en mesure de prévenir cette extrémité par leur
» action médiatrice.

Art. 9.

» Sa Majesté Impériale le Sultan, dans sa con-
» stante sollicitude pour le bien-être de ses sujets,
» ayant octroyé un Firman qui, en améliorant leur
» sort, sans distinction de religion ni de race,
» consacre ses généreuses intentions envers les
» populations chrétiennes de son Empire, et vou-

» lant donner un nouveau témoignage de ses sen-
» timents à cet égard, a résolu de communiquer
» aux Puissances contractantes ledit Firman spon-
» tanément émané de sa volonté souveraine.

» Les Puissances contractantes constatent la haute
» valeur de cette communication. Il est bien en-
» tendu qu'elle ne saurait, en aucun cas, donner
» le droit auxdites Puissances de s'immiscer soit
» collectivement, soit séparément, dans les rapports
» de Sa Majesté le Sultan avec ses sujets ni dans
» l'administration intérieure de son Empire.

Art. 10.

» La Convention du 13 juillet 1841, qui main-
» tient l'antique règle de l'Empire Ottoman rela-
» tive à la clôture des détroits du Bosphore et des
» Dardanelles, a été revisée d'un commun accord.

» L'acte, conclu à cet effet et conformément à
» ce principe, entre les Hautes Parties contractantes,
» est et demeure annexé au présent Traité, et aura
» même force et valeur que s'il en faisait partie
» intégrante.

Art. 11.

» La Mer Noire est neutralisée : ouverts à la
» marine marchande de toutes les nations, ses
» eaux et ses ports sont formellement et à perpé-
» tuité interdits au pavillon de guerre soit des
» Puissances riveraines, soit de toute autre Puis-
» sance, sauf les exceptions mentionnées aux arti-
» cles . . . et . . . du présent Traité.

Art. 12.

» Libre de toute entrave, le commerce, dans les
» ports et dans les eaux de la Mer Noire, ne sera
» assujetti qu'à des réglements de santé, de douane,
» de police, conçus dans un esprit favorable au
» développement des transactions commerciales.

8

» Pour donner aux intérêts commerciaux et ma-
» ritimes de toutes les Nations, la sécurité dési-
» rable, la Russie et la Sublime Porte admettront
» des Consuls dans leurs ports situés sur le littoral
» de la Mer Noire, conformément aux principes du
» droit international.

Art. 13.

» La Mer Noire étant neutralisée aux termes de
» l'article 11, le maintien ou l'établissement sur son
» littoral d'arsenaux militaires-maritimes devient
» sans nécessité comme sans objet. En conséquence
» Sa Majesté l'Empereur de toutes les Russies et
» Sa Majesté le Sultan s'engagent à n'élever et à
» ne conserver, sur ce littoral, aucun arsenal mi-
» litaire-maritime.

Art. 14.

» Leurs Majestés l'Empereur de toutes les Rus-
» sies et le Sultan, ayant conclu une Convention à
» l'effet de déterminer la force et le nombre des
» bâtiments légers, nécessaires au service de leurs
» côtes, qu'Elles se réservent d'entretenir dans la
» Mer Noire, cette Convention est annexée au pré-
» sent Traité, et aura même force et valeur que
» si elle en faisait partie intégrante. Elle ne pourra
» être ni annulée, ni modifiée sans l'assentiment
» des Puissances signataires du présent Traité. »

Le Congrès renvoie la lecture et l'adoption des
autres articles à la séance suivante.

(Suivent les signatures).

Certifié conforme à l'original.

Protocole N.º XVI.

Séance du 27 mars 1856.

Présents :

Les Plénipotentiaires	*de l'Autriche*,
»	*de la France*,
»	*de la Grande Bretagne*,
»	*de la Prusse*,
»	*de la Russie*,
»	*de la Sardaigne*,
»	*de la Turquie*.

Le protocole de la précédente séance est lu et approuvé.

M.ʳ le Comte Walewski donne lecture du projet de Convention destiné à remplacer l'acte signé à Londres le 13 juillet 1841.

Ce projet est agréé, et le Congrès décide qu'il sera annexé au présent protocole.

Le Congrès arrête, en outre, qu'un protocole particulier, qui sera signé avant cette Convention, stipulera, pour le délai nécessaire à l'évacuation des territoires par les armées belligérantes, une exception temporaire à la règle de la clôture.

M.ʳ le Comte Walewski reprend la lecture des articles du Traité général, interrompue à la fin de la précédente séance; ces articles sont successivement adoptés dans les termes suivants :

Art. 15.

» L'acte du Congrès de Vienne ayant établi les
» principes destinés à régler la navigation des fleuves
» qui séparent ou traversent plusieurs États, les
» Puissances contractantes stipulent entre elles qu'à

» l'avenir ces principes seront également appliqués
» au Danube et à ses embouchures. Elles déclarent
» que cette disposition fait, désormais, partie du
» droit public de l'Europe, et la prennent sous
» leur garantie.

» La navigation du Danube ne pourra être as-
» sujettie à aucune entrave ni redevance qui ne
» serait pas expressément prévue par les stipula-
» tions contenues dans les articles suivants. En
» conséquence, il ne sera perçu aucun péage basé
» uniquement sur le fait de la navigation du fleuve,
» ni aucun droit sur les marchandises qui se trou-
» vent à bord des navires. Les réglements de police
» et de quarantaine à établir, pour la sûreté des
» États séparés ou traversés par ce fleuve, seront
» conçus de manière à favoriser, autant que faire
» se pourra, la circulation des navires. Sauf ces
» réglements, il ne sera apporté aucun obstacle,
» quel qu'il soit, à la libre navigation.

Art. 16.

» Dans le but de réaliser les dispositions de
» l'article précédent, une Commission dans laquelle
» l'Autriche, la France, la Grande Bretagne, la
» Prusse, la Russie, la Sardaigne et la Turquie
« seront, chacune, représentées par un Délégué,
» sera chargée de désigner et de faire exécuter
» les travaux nécessaires, depuis Toultcha, pour
» dégager les embouchures du Danube, ainsi que
» les parties de la mer y avoisinantes, des sables
» et autres obstacles qui les obstruent, afin de
» mettre cette partie du fleuve et lesdites parties
» de la mer dans les meilleures conditions possibles
» de navigabilité.

» Pour couvrir les frais de ces travaux ainsi que
» des établissements ayant pour objet d'assurer et
» de faciliter la navigation aux bouches du Danube,
» des droits fixes d'un taux convenable, arrêtés
» par la Commission à la majorité des voix, pour-

» ront être prélevés, à la condition expresse que
» sous ce rapport comme sous tous les autres, les
» pavillons de toutes les nations seront traités sur
» le pied d'une parfaite égalité. »

Messieurs les Plénipotentiaires de la Turquie déclarent que la Sublime Porte fera volontiers les
avances nécessaires à l'exécution des travaux dont
il est fait mention dans l'article ci-dessus.

Art. 17.

» Une Commission sera établie et se composera
» des Délégués de l'Autriche, de la Bavière, de la
» Sublime Porte et du Wurtemberg (un pour cha-
» cune de ces Puissances), auxquels se réuniront
» les Commissaires des trois Principautés Danu-
» biennes, dont la nomination aura été approuvée
» par la Porte. Cette Commission qui sera per-
» manente : 1.° élaborera les réglements de navi-
» gation et de police fluviale ; 2.° fera disparaître
» les entraves, de quelque nature qu'elles puissent
» être, qui s'opposent encore à l'application au
» Danube des dispositions du Traité de Vienne ;
» 3.° ordonnera et fera exécuter les travaux néces-
» saires sur tout le parcours du fleuve ; et 4.° veil-
» lera, après la dissolution de la Commission Eu-
» ropéenne, au maintien de la navigabilité des
» embouchures du Danube et des parties de la mer
» y avoisinantes.

Art. 18.

» Il est entendu que la Commission Européenne
» aura rempli sa tâche, et que la Commission ri-
» veraine aura terminé les travaux désignés dans
» l'article précédent sous les numéros 1.° et 2.°,
» dans l'espace de deux ans. Les Puissances signa-
» taires réunies en conférence, informées de ce
» fait, prononceront, après en avoir pris acte, la
» dissolution de la Commission Européenne; et,
» dès lors, la Commission riveraine permanente

» jouira des mêmes pouvoirs que ceux dont la Com-
» mission Européenne aura été investie jusqu'alors.

Art. 19.

» Afin d'assurer l'exécution des réglements qui
» auront été arrêtés d'un commun accord, d'après
» les principes ci-dessus énoncés, chacune des Puis-
» sances contractantes aura le droit de faire sta-
» tionner, en tout temps, deux bâtiments légers aux
» embouchures du Danube.

Art. 20.

» En échange des villes, ports et territoires énu-
» mérés dans l'article 4 du présent Traité, et pour
» mieux assurer la liberté de la navigation du Da-
» nube, Sa Majesté l'Empereur de toutes les Russies
» consent à la rectification de sa frontière en Bes-
» sarabie.

» La nouvelle frontière partira de la Mer Noire,
» à un kilomètre à l'Est du lac Bourna-Sola, re-
» joindra perpendiculairement la route d'Akerman,
» suivra cette route jusqu'au Val de Trajan, passera
» au Sud de Bolgrad, remontera le long de la
» rivière de Yalpuck jusqu'à la hauteur de Sarat-
» sika, et ira aboutir à Katamori sur le Pruth.
» En amont de ce point, l'ancienne frontière, entre
» les deux Empires, ne subira aucune modification.

» Des Délégués des Puissances contractantes fi-
» xeront, dans ses détails, le tracé de la nouvelle
» frontière.

Art. 21.

» Le territoire cédé par la Russie sera annexé à
» la Principauté de Moldavie sous la suzeraineté de
» la Sublime Porte.

» Les habitants de ce territoire jouiront des
» droits et priviléges assurés aux Principautés, et
» pendant l'espace de trois années, il leur sera
» permis de transporter ailleurs leur domicile, en
» disposant librement de leurs propriétés.

Art. 22.

» Les Principautés de Valachie et de Moldavie
» continueront à jouir, sous la suzeraineté de la
» Porte et sous la garantie des Puissances contrac-
» tantes, des priviléges et des immunités dont elles
» sont en possession. Aucune protection exclusive
» ne sera exercée sur elles par une des Puissances
» garantes. Il n'y aura aucun droit particulier d'in-
» gérence dans leurs affaires intérieures.

Art. 23.

» La Sublime Porte s'engage à conserver auxdites
» Principautés une administration indépendante et
» nationale, ainsi que la pleine liberté de culte, de
» législation, de commerce et de navigation.

» Les lois et statuts aujourd'hui en vigueur se-
» ront revisés. Pour établir un complet accord sur
» cette révision, une Commission spéciale, sur la
» composition de laquelle les Hautes Puissances con-
» tractantes s'entendront, se réunira, sans délai, à
» Bucharest, avec un Commissaire de la Sublime
» Porte.

» Cette Commission aura pour tâche de s'enqué-
» rir de l'état actuel des Principautés, et de pro-
» poser les bases de leur future organisation.

Art. 24.

» Sa Majesté le Sultan promet de convoquer im-
» médiatement, dans chacune des deux Provinces,
» un Divan *ad hoc*, composé de manière à consti-
» tuer la représentation la plus exacte des intérêts
» de toutes les classes de la société. Ces Divans
» seront appelés à exprimer les vœux des popula-
» tions relativement à l'organisation définitive des
» Principautés.

» Une instruction du Congrès réglera les rap-
» ports de la Commission avec ces Divans.

Art. 25.

» Prenant en considération l'opinion émise par
» les deux Divans, la Commission transmettra, sans

» retard, au siége actuel des conférences, le ré-
» sultat de son propre travail.

» L'entente finale avec la Puissance suzeraine sera
» consacrée par une Convention conclue à Paris
» entre les Hautes Parties contractantes; et un
» Hatti-cheriff, conforme aux stipulations de la con-
» vention, constituera définitivement l'organisation
» de ces Provinces, placée, désormais, sous la ga-
» rantie collective de toutes les Puissances signa-
» taires.

Art. 26.

» Il est convenu qu'il y aura une force armée
» nationale, organisée dans le but de maintenir la
» sûreté de l'intérieur et d'assurer celle des fron-
» tières. Aucune entrave ne pourra être apportée
» aux mesures extraordinaires de défense que les
» Principautés, d'accord avec la Sublime Porte,
» seraient appelées à prendre pour repousser toute
» agression étrangère.

Art. 27.

» Si le repos intérieur des Principautés se trou-
» vait menacé ou compromis, la Sublime Porte
» s'entendra, avec les autres Puissances contractan-
» tes, sur les mesures à prendre pour maintenir
» ou rétablir l'ordre légal. Une intervention armée
» ne pourra avoir lieu sans un accord préalable
» entre ces Puissances.

Art. 28.

» La Principauté de Servie continuera à relever
» de la Sublime Porte, conformément aux Hats im-
» périaux qui fixent et déterminent ses droits et
» immunités, placés, désormais, sous la garantie col-
» lective des Puissances contractantes.

» En conséquence, ladite Principauté conservera
» son administration indépendante et nationale,
» ainsi que la pleine liberté de culte, de législation,
» de commerce et de navigation. »

En revisant ce dernier article, le Congrès arrête que la décision, qui y fait suite dans le protócole N.º XIV, est maintenue.

Art. 29.

» Le droit de garnison de la Sublime Porte, tel
» qu'il se trouve stipulé par les réglements anté-
» rieurs, est maintenu. Aucune intervention armée
» ne pourra avoir lieu sur son territoire sans un
» accord préalable entre les Hautes Puissances
» contractantes.

Art. 30.

» Sa Majesté l'Empereur de toutes les Russies et
» Sa Majesté le Sultan maintiennent, dans son in-
» tégrité, l'état de leurs possessions en Asie, tel
» qu'il existait légalement avant la rupture.

» Pour prévenir toute contestation locale, le tracé
» de la frontière sera vérifié et, s'il y a lieu, rec-
» tifié, sans qu'il puisse en résulter un préjudice
» territorial pour l'une ou l'autre des deux Parties.

» A cet effet, une Commission mixte, composée
» de deux Commissaires russes, de deux Commis-
» saires ottomans, d'un Commissaire anglais et d'un
» Commissaire français, sera envoyée sur les lieux
» immédiatement après le rétablissement des rela-
» tions diplomatiques entre la Cour de Russie et la
» Sublime Porte. Son travail devra être terminé
» dans l'espace de huit mois à dater de l'échange
» des ratifications du présent Traité. »

M.ʳ le premier Plénipotentiaire de la France dit qu'il arrive à l'article stipulant l'évacuation du territoire ottoman par les Armées des Puissances alliées. Il fait remarquer que les conventions antérieures conclues avec la Porte fixent, à ce sujet, des délais qui, en raison du développement pris par la guerre, sont devenus matériellement insuffisants pour l'évacuation des troupes et du matériel réunis, en ce moment, en Crimée. Il ajoute que l'évacuation commencera aussitôt que la paix sera conclue, et que l'intention de la France, comme celle de tous ses alliés, est de rappeler son Armée dans le plus court délai possible, mais que cette opération n'exigera pas moins de six mois: que les alliés de la Porte se trouveront, par conséquent, dans l'impossibilité, quel que soit leur désir de s'y conformer, d'exécuter, dans le délai convenu, les engagements qu'ils ont pris sur ce point, et qu'il y a lieu, dès lors, de s'entendre.

En conséquence de ces observations, le Congrès décide qu'il se réunira, immédiatement après la conclusion de la paix, pour convenir des arrangements qu'on devra prendre afin de fixer les délais dans lesquels l'évacuation devra s'accomplir.

L'adoption des derniers articles du Traité général est renvoyée à la prochaine séance.

Le projet de Convention à conclure entre la Russie et la Turquie, et qui se trouve joint au protocole N.º X, ayant été revisé, est agréé et demeure arrêté ainsi qu'il est annexé au présent protocole.

(*Suivent les signatures*).

Certifié conforme à l'original.

Annexe au Protocole N.º XVI.

CONVENTION SÉPARÉE

ENTRE LA SUBLIME PORTE ET LA RUSSIE

Sa Majesté Impériale le Sultan et Sa Majesté l'Empereur de toutes les Russies, prenant en considération le principe de la neutralisation de la Mer Noire établi par les préliminaires consignés au protocole N.º I signé à Paris le 25 février de la présente année, et voulant, en conséquence, régler, d'un commun accord, le nombre et la force des bâtiments légers qu'Elles se sont réservé d'entretenir dans la Mer Noire pour le service de leurs côtes, ont résolu de signer, dans ce but, une Convention spéciale, et ont nommé, à cet effet . . . .

Art. 1.

Les Hautes Parties contractantes s'engagent mutuellement à n'avoir dans la Mer Noire d'autres bâtiments de guerre que ceux dont le nombre, la force, et les dimensions sont stipulés ci-après.

Art. 2.

Les Hautes Parties contractantes se réservent d'entretenir, chacune, dans cette mer, six bâtiments à vapeur de cinquante mètres de longueur à la flottaison, d'un tonnage de huit cents tonneaux au maximum; et quatre bâtiments légers à vapeur ou à voiles d'un tonnage qui ne dépassera pas deux cents tonneaux chacun.

Art. 3.

La présente Convention, annexée au Traité général signé à Paris en ce jour, sera ratifiée et les ratifications en seront échangées à Paris dans l'espace de quatre semaines, ou plutôt, si faire se peut.

En foi de quoi les Plénipotentiaires respectifs l'ont signée, et y ont apposé le sceau de leurs armes.

Annexe au Protocole N.º XVI.

CONVENTION DES DÉTROITS.

AU NOM DE DIEU TOUT-PUISSANT.

Leurs Majestés l'Empereur d'Autriche, l'Empereur des Français, la Reine du Royaume-Uni de la Grande

Bretagne et d'Irlande, le Roi de Prusse, l'Empereur de toutes les Russies, signataires de la Convention du 13 juillet 1841, et Sa Majesté le Roi de Sardaigne, voulant constater, en commun, leur détermination unanime de se conformer à l'ancienne règle de l'Empire Ottoman, d'après laquelle les détroits des Dardanelles et du Bosphore sont fermés aux bâtiments de guerre étrangers, tant que la Porte se trouve en paix;

Lesdites Majestés, d'une part, et Sa Majesté le Sultan, de l'autre, ont résolu de renouveler la Convention conclue à Londres le 13 juillet 1841, sauf quelques modifications de détail qui ne portent aucune atteinte au principe sur lequel elle repose.

En conséquence Leurs dites Majestés ont nommé, à cet effet, pour leurs Plénipotentiaires, savoir : ....

. . . .

Art. 1.

Sa Majesté le Sultan, d'une part, déclare qu'il a la ferme résolution de maintenir, à l'avenir, le principe invariablement établi comme ancienne règle de son Empire, et en vertu duquel il a été de tout temps défendu aux bâtiments de guerre des Puissances étrangères d'entrer dans les détroits des Dardanelles et du Bosphore; et que, tant que la Porte se trouve en paix, Sa Majesté n'admettra aucun bâtiment de guerre étranger dans lesdits détroits.

Et Leurs Majestés l'Empereur d'Autriche, l'Empereur des Français, la Reine du Royaume-Uni de la Grande Bretagne et d'Irlande, le Roi de Prusse, l'Empereur de toutes les Russies, et le Roi de Sardaigne, de l'autre part, s'engagent à respecter cette détermination du Sultan, et à se conformer au principe ci-dessus énoncé.

Art. 2.

Le Sultan se réserve, comme par le passé, de délivrer des Firmans de passage aux bâtiments légers sous pavillon de guerre, lesquels seront employés, comme il est d'usage, au service des légations des Puissances amies.

Art. 3.

La même exception s'applique aux bâtiments légers sous pavillon de guerre que chacune des Puissances contractantes est autorisée à faire stationner, aux embouchures du Danube, pour assurer l'exécution des réglements relatifs à la liberté du fleuve, et dont le nombre ne devra pas excéder deux pour chaque Puissance.

Art. 4.

La présente Convention, annexée au Traité général signé à Paris en ce jour, sera ratifiée, et les ratifications en seront échangées à Paris dans l'espace de quatre semaines, ou plutôt, si faire se peut.

En foi de quoi les Plénipotentiaires respectifs l'ont signée et y ont apposé le sceau de leurs armes.

Protocole N.º XVII.

Séance du 28 mars 1856.

Présents :

Les Plénipotentiaires *de l'Autriche*,
»   *de la France*,
»   *de la Grande Bretagne*,
»   *de la Prusse*,
»   *de la Russie*,
»   *de la Sardaigne*,
»   *de la Turquie*.

Le protocole de la précédente séance est lu et approuvé.

M.ʳ le Comte Walewski donne lecture des derniers articles du Traité général ; ces articles sont arrêtés et agréés par le Congrès dans les termes suivants:

Art. 31.

» Les territoires ottomans occupés, pendant la
» guerre, par les Troupes de Leurs Majestés l'Em-
» pereur des Français, l'Empereur d'Autriche, la
» Reine du Royaume-Uni de la Grande Bretagne
» et d'Irlande, et le Roi de Sardaigne, aux termes
» des Conventions signées, à Constantinople, le 12
» mars 1854, entre la France, la Grande Bretagne
» et la Sublime Porte ; le 14 juin de la même
» année entre l'Autriche et la Sublime Porte ; et
» le 15 mars 1855 entre la Sardaigne et la Sublime
» Porte, seront évacués après l'échange des rati-
» fications du présent Traité, aussitôt que faire se
» pourra. Les délais et les moyens d'exécution feront
» l'objet d'un arrangement entre la Sublime Porte

» et les Puissances dont les Troupes ont occupé
» son territoire.

Art. 32.

» Jusqu'à ce que les Traités ou Conventions,
» qui existaient avant la guerre entre les Puissances
» belligérantes, aient été ou renouvelés ou rem-
» placés par des actes nouveaux, le commerce d'im-
» portation ou d'exportation aura lieu, réciproque-
» ment pour chacune d'elles, sur le pied des ré-
» glements en vigueur avant la guerre, et leurs
» sujets, en toute autre matière, seront respecti-
» vement traités sur le pied de la nation la plus
» favorisée.

Art. 33.

» La Convention conclue, en ce jour, entre Leurs
» Majestés l'Empereur des Français, la Reine du
» Royaume-Uni de la Grande Bretagne et d'Irlande,
» d'une part, et Sa Majesté l'Empereur de toutes
» les Russies, de l'autre part, relativement aux
» îles d'Aland, est et demeure annexée au présent
» Traité, et aura même force et valeur que si elle
» en faisait partie.

Art. 34.

» Le présent Traité sera ratifié, et les ratifica-
» tions en seront échangées à Paris dans l'espace
» de quatre semaines, ou plus tôt, si faire se peut.
» En foi de quoi les Plénipotentiaires respectifs
» l'ont signé et y ont apposé le sceau de leurs armes.
» Fait à Paris, le . . . . »

Le Congrès décide, en outre, que le Traité se
terminera par l'article additionnel et transitoire ci-
après :

Article additionnel et transitoire.

» Les stipulations de la Convention des détroits
» signée en ce jour, ne seront pas applicables aux

128

» bâtiments de guerre employés par les Puissances
» belligérantes pour l'évacuation par mer des ter-
» ritoires occupés par leurs Armées; mais lesdites
» stipulations reprendront leur entier effet aussitôt
» que l'évacuation sera terminée. »

Tous les articles ayant été lus et approuvés, M.ʳ le Comte Walewski propose au Congrès de se réunir dans la journée de demain pour parapher le Traité et les Conventions qui y seront annexées. Il propose également de fixer, au jour de dimanche 3o du présent mois, la signature de la paix.

Le Congrès adhère.

M.ʳ le Comte Walewski fait enfin remarquer qu'en signant le Traité de paix, le Congrès ne sera pas arrivé au terme de ses travaux; qu'il devra continuer à se réunir pour se concerter sur tout ce qui concerne la cessation des hostilités, et particulièrement les blocus; pour préparer les instructions destinées à la Commission qui doit se rendre dans les Principautés, et convenir enfin des dispositions à prendre pour assurer l'évacuation de tous les territoires occupés par les Armées des Puissances alliées.

En conséquence, le Congrès décide qu'il continuera à siéger et à se réunir au lieu de ses séances.

(*Suivent les signatures*).

Certifié conforme à l'original.

Protocole N.º XVIII.

Séance du 29 mars 1856.

Présents :

Les Plénipotentiaires *de l'Autriche*,
»   *de la France*,
»   *de la Grande Bretagne*,
»   *de la Prusse*,
»   *de la Russie*,
»   *de la Sardaigne*,
»   *de la Turquie*.

Le protocole de la précédente séance est lu et approuvé.

Il est donné lecture successivement

1.º du projet de Traité général ;

2.º du projet de Convention des détroits ;

3.º du projet de Convention relative aux bâtiments légers de guerre que les Puissances riveraines entretiendront dans la Mer Noire ;

4.º du projet de Convention concernant les îles d'Aland ;

Et Messieurs les Plénipotentiaires, après avoir substitué le nom de *Isatcha* à celui de *Toultcha*, à l'article XVI du premier de ces projets, les ayant trouvés conformes aux textes insérés aux protocoles N.ºˢ XV, XVI et XVII, les paraphent, et en remettent la signature, ainsi qu'ils en sont convenus, à demain, à l'heure de midi.

Le présent protocole est lu et approuvé.

(*Suivent les signatures*).

Certifié conforme à l'original.

Protocole N.º XIX.

Séance du 30 mars 1856.

Présents :

Les Plénipotentiaires *de l'Autriche*,
» *de la France*,
» *de la Grande Bretagne*,
» *de la Prusse*,
» *de la Russie*,
» *de la Sardaigne*,
» *de la Turquie*.

Réunis, à l'heure de midi, dans la salle de leurs délibérations, Messieurs les Plénipotentiaires collationnent, sur les instruments paraphés dans la précédente séance :

1.º Le Traité général de paix ;

2.º La Convention des détroits ;

3.º La Convention relative aux bâtiments de guerre légers que les Puissances riveraines entretiendront dans la Mer Noire ;

4.º La Convention concernant les îles d'Aland.

Et, tous ces actes ayant été trouvés en due forme, Messieurs les Plénipotentiaires y apposent leur signature et le sceau de leurs armes.

Après quoi, et sur la proposition de M.ʳ le Comte Walewski, le Congrès déclare que l'armistice, en conséquence de la signature de la paix, se trouve prorogé jusqu'au moment de l'échange des ratifications, et il est convenu entre Messieurs les Plénipotentiaires de la France, de la Grande Bretagne, de la Sardaigne et de la Turquie, d'une part, et Messieurs les Plénipotentiaires de la Russie, de l'autre part, que des ordres seront transmis, sans délai, à cet effet.

Le Congrès décide, en outre, que l'échange des ratifications aura lieu en six exemplaires, que les ratifications de l'article additionnel au Traité général se feront conjointement avec le Traité général lui-même, et que les ratifications de ce Traité et de chacune des Conventions annexées seront consignées dans des actes séparés.

M.ʳ le Comte de Clarendon propose aux Plénipotentiaires de se rendre aux Tuileries pour informer l'Empereur que le Congrès vient de terminer l'œuvre de pacification à laquelle Sa Majesté portait un grand intérêt, et que l'Europe attendait avec une si vive impatience.

Le premier Plénipotentiaire de la Grande Bretagne dit que cette démarche, envers le Souverain du pays où le Congrès se trouve réuni, est, en même temps, un hommage respectueux de reconnaissance dû à la haute bienveillance et à la gracieuse hospitalité dont les Plénipotentiaires, individuellement et collectivement, ont été l'objet de la part de Sa Majesté Impériale. Lord Clarendon ajoute qu'il est certain d'avance que tout ce qui serait de nature à témoigner des sentiments de respect et de haute considération dont les Plénipotentiaires sont animés envers la personne de l'Empereur Napoléon, rencontrera la plus complète approbation des Souverains que les Plénipotentiaires ont l'honneur de représenter.

Le Congrès accueille, avec une unanimité empressée, la proposition de M.ʳ le premier Plénipotentiaire de la Grande Bretagne.

M.ʳ le Comte Walewski remercie le premier Plénipotentiaire de la Grande Bretagne de la proposition qu'il vient de faire, et n'hésite pas à assurer que l'Empereur, son Auguste Souverain, sera très-sensible à la démarche suggérée par Lord Clarendon,

et non moins reconnaissant des sentiments qui l'ont
dictée que de l'empressement unanime avec lequel
elle a été agréée.

Le présent protocole est lu et approuvé.

(Suivent les signatures).

Certifié conforme à l'original.

Protocole N.º XX.

Séance du 2 avril 1856.

Présents :

Les Plénipotentiaires *de l'Autriche,*
     »   *de la France,*
     »   *de la Grande Bretagne,*
     »   *de la Prusse,*
     »   *de la Russie,*
     »   *de la Sardaigne,*
     »   *de la Turquie.*

Ainsi qu'il l'avait décidé, le Congrès s'occupe de la question de savoir si les blocus peuvent être levés avant l'échange des ratifications du Traité de paix.

M.ʳ le Comte Walewski expose que les précédents établissent que, généralement, les blocus n'ont été levés qu'au moment de l'échange des ratifications, en vertu du principe que la guerre n'est terminée qu'au moment où les stipulations, qui doivent y mettre fin, ont reçu la consécration des Souverains; que l'esprit de libéralité qui exerce, de nos jours, une si heureuse influence sur le droit international et sur les relations que les diverses Puissances entretiennent entre elles, permet néanmoins de déroger à cette règle; que la France et la Grande Bretagne, qui ont mis les blocus existants, se sont entendues pour donner, dans cette circonstance, une marque de leur sollicitude pour le commerce en général, et qu'il ne reste plus, dès lors, qu'à se concerter sur les moyens propres à assurer à l'Europe ce nouveau bienfait.

D'accord avec M.^r le premier Plénipotentiaire de la France, M.^r le Comte de Clarendon propose de conclure un armistice sur mer. Cette mesure, dans son opinion, aurait pour effet la levée immédiate des blocus existants.

M.^r le Comte Walewski ajoute que cette combinaison permettrait de considérer les prises, faites postérieurement à la signature de la paix, comme non avenues, et de restituer les navires et les chargements capturés; que le commerce se trouverait ainsi autorisé à reprendre, sans plus de retard, toutes ses transactions, si la Russie, de son côté, levait, dès-à-présent, les mesures exceptionnelles qu'elle a prises, durant la guerre, pour interdire, dans ses ports, les opérations commerciales qui se faisaient pendant la paix.

Adoptant avec empressement les vœux exposés par Messieurs les Plénipotentiaires de la France et de la Grande Bretagne, Messieurs les Plénipotentiaires de la Russie répondent que la proposition soumise au Congrès sera vraisemblablement acceptée avec une extrême faveur par leur Gouvernement; qu'ils s'empressent, par conséquent, d'y adhérer par les mêmes motifs qui l'ont suggérée aux Plénipotentiaires qui en ont pris l'initiative; mais qu'ils se trouvent dans l'obligation de réserver l'approbation de leur Cour.

Messieurs les Plénipotentiaires des autres Puissances déclarent que cette mesure sera accueillie avec un sentiment de vive reconnaissance par les États neutres.

Il est, en conséquence, décidé que si, dans la prochaine séance, ainsi qu'ils le présument, Messieurs les Plénipotentiaires de la Russie sont autorisés à faire savoir que leur Gouvernement a levé les prohibitions imposées, pendant la guerre, au commerce d'importation et d'exportation dans les ports et sur les frontières de l'Empire Russe, il sera conclu entre la France, la Grande Bretagne, la Sardaigne et la Turquie, d'une part, et la Russie, de l'autre part, un armistice sur mer qui comptera à dater de la signature de la paix, et qui aura pour effet de lever tous les blocus. Par conséquent, les prises, faites postérieurement à la date du 3o mars passé, seront restituées.

Les actes consulaires et formalités requises des navigateurs et des commerçants seront remplis provisoirement par les Agents des Puissances qui ont consenti, pendant la guerre, à prendre soin officieusement des intérêts des sujets des États belligérants.

(Suivent les signatures).

Certifié conforme à l'original.

Protocole N.º XXI.

Séance du 4 avril 1856.

Présents :

Les Plénipotentiaires   *de l'Autriche*,
        »   *de la France*,
        »   *de la Grande Bretagne*,
        »   *de la Prusse*,
        »   *de la Russie*,
        »   *de la Sardaigne*,
        »   *de la Turquie*.

Le protocole de la précédente séance est lu et approuvé.

Messieurs les Plénipotentiaires de la Russie annoncent qu'ils sont autorisés à déclarer que les mesures prohibitives, prises pendant la guerre pour fermer les ports russes au commerce d'exportation, vont être levées.

Par suite de cette déclaration et conformément à la résolution qu'il a prise dans sa précédente réunion, le Congrès arrête qu'il est conclu un armistice maritime entre la France, la Grande Bretagne, la Sardaigne et la Turquie, d'une part, et la Russie, de l'autre part, et que les prises, faites postérieurement à la signature de la paix, seront restituées.

Il est convenu, en conséquence, que des ordres seront donnés pour la levée immédiate des blocus existants, et que les mesures, prises en Russie pendant la guerre contre l'exportation des produits russes, et notamment celle des céréales, seront également rapportées sans retard.

Après avoir proposé au Congrès de s'occuper de l'évacuation des territoires russe et ottoman, M^r le Comte Walewski dit qu'en ce qui concerne les Alliés, leur intention, ainsi qu'ils en ont déjà donné l'assurance, est de rappeler leurs troupes sans retard, et de donner des ordres pour que ce mouvement commence immédiatement après l'échange des ratifications. Il pense, et il croit pouvoir assurer que les territoires de la Russie seront totalement évacués dans un délai de six mois. Il ajoute que les armées alliées quitteront, durant le même terme, les positions qu'elles occupent en Turquie.

Messieurs les Plénipotentiaires de la Russie assurent, de leur côté, que des dispositions seront prises pour que les troupes russes, qui se trouvent à Kars et dans ses environs, effectuent, aussi promptement que possible, leur retraite sur le territoire russe. Ils s'engagent à faire connaître au Congrès, dans une de ses prochaines réunions, le terme qui sera jugé nécessaire à la prompte exécution de cette opération. Ils expriment le désir que les armées alliées, qui sont en Crimée, commencent leur mouvement de retraite par Kertch et Jenikalé, afin que la Mer d'Azoff se trouve au plustôt ouverte à la navigation et au commerce.

M.^r le Comte de Buol se félicite de l'empressement que témoignent les Puissances belligérantes à rappeler leurs armées, et à exécuter ainsi sans retard l'une des stipulations les plus importantes du Traité de paix. Il dit que, de son côté, l'Autriche aura soin de faire rentrer sur son territoire celles de ses troupes qui occupent les Principautés. Il ajoute que cette opération ne rencontrant pas les mêmes difficultés que soulève l'embarquement des armées qui se trouvent en Crimée, et de leur matériel, elle pourra s'accomplir plus promptement, et que les troupes autrichiennes auront évacué les Principautés avant que les armées belligérantes n'aient pu, de leur côté, complètement évacuer l'Empire Ottoman.

Après ces explications, il est convenu, d'un accord unanime, que toutes les armées belligérantes ou alliées commenceront leur mouvement de retraite immédiatement après l'échange des ratifications du Traité de paix, et qu'elles le continueront sans interruption. Il est également convenu que les armées de la France, de la Grande Bretagne et de la Sardaigne auront un délai de six mois pour effectuer l'évacuation totale des territoires qu'elles occupent en Russie et dans l'Empire Ottoman: cette évacuation commencera, autant que possible, par Kertch, Jenikalé, Kinburn et Eupatoria.

Les Traités, conclus à Constantinople, les 12 mars 1854 et 15 mars 1855, entre la France, la Grande Bretagne, la Sardaigne et la Turquie, stipulant, qu'à la paix le territoire de l'Empire Ottoman sera évacué dans l'espace de quarante jours, et l'exécution de cet engagement étant devenue matériellement impossible par suite du développement pris par la guerre, il est convenu que des instructions et des pouvoirs seront envoyés aux Représentants de la France, de la Grande Bretagne et de la Sardaigne à Constantinople, pour qu'ils aient à conclure avec la Porte une Convention destinée à fixer un nouveau terme qui ne pourra excéder celui de six mois.

Le Congrès décide ensuite que les Commissaires, qui, aux termes de l'article 20 du Traité de paix, auront à procéder à la délimitation de la nouvelle frontière en Bessarabie, devront se réunir à Galatz le 6 mai prochain, et s'acquitter sans retard de la mission qui leur sera confiée.

Messieurs les Plénipotentiaires de la Russie déclarent que les Autorités russes remettront, dès que cette opération sera terminée, aux Autorités moldaves la portion de territoire qui, d'après la nouvelle délimitation, devra être annexée à la Moldavie.

Il demeure entendu que cette cession a lieu en échange et coïncidera avec l'évacuation des territoires russes par les armées alliées.

M.ᵣ le Comte de Clarendon fait remarquer que, pour hâter l'évacuation de la Crimée, il serait utile que les bâtiments des Puissances alliées pussent librement pénétrer dans le port de Sebastopol: cette facilité, dans l'opinion du premier Plénipotentiaire de la Grande Bretagne, avancerait l'embarquement des hommes et du matériel de plusieurs semaines.

Messieurs les Plénipotentiaires de la Russie répondent qu'ils prendront, à cet égard, les ordres de leur Cour.

M.ᵣ le Comte Walewski dit qu'il y a lieu de s'occuper des instructions destinées aux Commissaires qui seront chargés de se rendre dans les Principautés pour s'enquérir, selon le vœu de l'article 23 du Traité de paix, de l'état actuel de ces provinces, et proposer les bases de leur future organisation. Il expose que ces instructions pourraient être conçues en termes généraux; qu'en fixant l'objet de la mission des Commissaires, tel qu'il a été défini par le Traité lui-même, elles doivent leur laisser la latitude nécessaire pour s'éclairer et se mettre en mesure de remplir, d'une manière complète et satisfaisante, la tâche qui leur sera confiée. Il lui semble que cette opinion peut être d'autant plus agréée par le Congrès que le Firman, prescrivant la convocation des Divans *ad hoc*, doit être, ainsi que le constate le protocole N.° XIV, concerté avec les Représentants des Puissances contractantes à Constantinople et rédigé de manière à pourvoir à l'entière exécution de l'article du Traité qui détermine la composition de ces assemblées. Il pense, enfin, que la rédaction de ces instructions, qui ne pourraient être préparées par le Congrès, devrait être confiée à une Commission prise dans son sein.

Le Congrès adhère, et la Commission est composée du premier Plénipotentiaire de la Turquie, et des seconds Plénipotentiaires de la France et de la Grande Bretagne.

Après nouvel examen, et jugeant utile de modifier ce qu'il avait arrêté, sur le même sujet, dans sa séance du 30 mars, le Congrès prend la résolution suivante:

Dans les ratifications du Traité général, ce Traité sera suivi textuellement et *in extenso* de l'Article additionnel et des trois Conventions annexées; mais la ratification portera sur le Traité général et l'Article additionnel dans les termes suivants: « Nous » . . . . ayant vu et examiné ledit » Traité et ledit Article additionnel et transitoire, » les avons approuvés et approuvons en toutes et » chacune des dispositions qui y sont contenues etc. » etc. » Ces ratifications seront échangées en six exemplaires pour chaque Puissance contractante.

La Convention relative aux bâtiments légers sera ratifiée entre la Porte et la Russie.

La Convention relative aux détroits sera ratifiée entre la Porte, d'une part, qui devra présenter six exemplaires, et les autres Puissances, de l'autre part, qui, n'ayant pas à échanger de ratifications entre elles, auront simplement à ratifier avec la Porte, et, par conséquent, à présenter un seul exemplaire.

La Convention d'Aland sera ratifiée entre la France et l'Angleterre, d'une part, qui devront produire chacune un exemplaire destiné à la Russie, et la Russie, de l'autre part, qui devra produire deux exemplaires.

(*Suivent les signatures*).

Certifié conforme à l'original.

Protocole N.º XXII.

Séance du 8 avril 1856.

Présents :

Les Plénipotentiaires *de l'Autriche*,
» *de la France*,
» *de la Grande Bretagne*,
» *de la Prusse*,
» *de la Russie*,
» *de la Sardaigne*,
» *de la Turquie*.

Le protocole de la précédente séance est lu et approuvé.

M.ʳ le Comte de Clarendon rappelle que, dans la dernière réunion, et attendu que tous les Plénipotentiaires n'étaient pas encore en mesure d'accéder à d'autres propositions, le Congrès s'est borné à convenir de la levée des blocus. Il annonce que les Plénipotentiaires de la Grande Bretagne sont aujourd'hui, autorisés à faire savoir que les décisions restrictives, imposées, à l'occasion de la guerre, au commerce et à la navigation, sont à la veille d'être rapportées.

Messieurs les Plénipotentiaires de la Russie ayant renouvelé la déclaration analogue qu'ils ont faite dans la séance du 4 avril, et tous les autres Plénipotentiaires ayant émis un avis favorable, le Congrès arrête que toutes les mesures, sans distinction, prises à l'origine ou en vue de la guerre, et ayant pour objet de suspendre le commerce et la navigation avec l'état ennemi, sont abrogées, et qu'en tout ce qui concerne soit les transactions commerciales, sans en excepter la contrebande de guerre, soit les expéditions de marchandises et le traitement des bâtiments de commerce, les choses sont rétablies partout, à dater de ce jour, sur le pied où elles se trouvaient avant la guerre.

Messieurs les Plénipotentiaires de la Russie annoncent qu'ils ont reçu l'ordre de déclarer, en réponse à la demande qui leur en a été faite, que le port de Sebastopol sera ouvert aux bâtiments des Puissances alliées afin d'accélérer l'embarquement de leurs Troupes et de leur matériel.

Ils ajoutent que les instructions, qui leur sont parvenues, leur permettent d'assurer que l'évacuation du territoire Ottoman en Asie, par l'Armée Russe, commencera immédiatement après l'échange des ratifications; qu'il sera procédé, dès que la saison et l'état des routes le permettront, au transport des magasins et du matériel de guerre, et que le mouvement général de l'Armée Russe s'opérera simultanément avec celui des Alliés, et se terminera à la même époque et dans les délais fixés pour l'évacuation des autres territoires.

Au nom de la Commission chargée d'en proposer la rédaction, M.ʳ le Baron de Bourqueney donne lecture d'un projet d'instructions destinées aux Commissaires qui devront se rendre dans les Principautés, aux termes de l'art. 23 du Traité de paix.

M.ʳ le Comte de Clarendon fait remarquer que le Congrès s'est, avant tout, proposé, en s'occupant des Provinces danubiennes, de provoquer l'expression, librement émise, des vœux des populations, et que cet objet pourrait ne pas se réaliser si les Hospodars restaient en possession des pouvoirs dont ils disposent, et qu'il y aurait lieu peut-être de rechercher une combinaison de nature à assurer une liberté complète aux Divans *ad hoc*.

M.ʳ le premier Plénipotentiaire de l'Autriche répond qu'on ne doit toucher à l'administration, dans un moment de transition comme celui que les Principautés vont traverser, qu'avec une extrême réserve, et que ce serait tout compromettre que de mettre fin à tous les pouvoirs avant d'en avoir constitué de nouveaux; que c'est à la Porte, dans tous les cas, que le Congrès devrait laisser le soin de prendre les mesures qui pourraient être jugées nécessaires.

Aali Pacha expose que l'administration actuelle ne présente pas, peut-être, toutes les garanties que le Congrès pourrait désirer; mais qu'on s'exposerait à tomber dans l'anarchie, si on tentait de sortir de l'ordre légal.

Lord Clarendon représente qu'il n'entend nullement proposer le renversement de tous les pouvoirs; et, avec d'autres Plénipotentiaires, il rappelle que l'autorité des Hospodars actuels touche au terme fixé par l'arrangement qui la leur a confiée, et que pour rester dans les limites de l'ordre légal, il y a précisément lieu d'aviser.

Plusieurs Plénipotentiaires rappellent également que la loi organique prévoit l'interruption du pouvoir des Hospodars.

Après ces explications, le Congrès décide qu'il s'en réfère à la Sublime Porte pour prendre, s'il y a lieu, à l'expiration des pouvoirs des Hospodars actuels, les mesures nécessaires et propres à remplir les intentions du Congrès, en combinant la libre expression des vœux des Divans avec le maintien de l'ordre et le respect de l'état légal.

Sur la proposition de Messieurs les premiers Plénipotentiaires de la Grande Bretagne et de la France, et pour prévenir tout conflit ou des discussions regrettables, il est également convenu que le Firman, qui doit ordonner la convocation des Divans *ad hoc*, fixera les règles qui devront être suivies en ce qui concerne la présidence de ces Assemblées et le mode de leurs délibérations.

Après avoir pris ces résolutions, le Congrès adopte, sauf quelques modifications qui y sont introduites, les instructions dont M.' le Baron de Bourqueney a présenté le projet, et qui sont annexées au présent protocole.

M.^r le Comte Walewski dit qu'il est à désirer que les Plénipotentiaires, avant de se séparer, échangent leurs idées sur différents sujets qui demandent des solutions, et dont il pourrait être utile de s'occuper afin de prévenir de nouvelles complications. Quoique réuni spécialement pour régler la question d'Orient, le Congrès, selon M.^r le premier Plénipotentiaire de la France, pourrait se reprocher de ne pas avoir profité de la circonstance, qui met en présence les Représentants des principales Puissances de l'Europe, pour élucider certaines questions, poser certains principes, exprimer des intentions, faire enfin certaines déclarations, toujours et uniquement dans le but d'assurer, pour l'avenir, le repos du monde, en dissipant, avant qu'ils ne soient devenus menaçants, les nuages qu'on voit encore poindre à l'horizon politique.

» On ne saurait disconvenir, dit-il, que la Grèce » ne soit dans une situation anormale. L'anarchie, » à laquelle a été livré ce pays, a obligé la France » et l'Angleterre à envoyer des troupes au Pirée » dans un moment où leurs Armées ne manquaient » cependant pas d'occupations. Le Congrès sait dans » quel état était la Grèce; il n'ignore pas non plus » que celui, dans lequel elle se trouve aujourd'hui, » est loin d'être satisfaisant. Ne serait-il pas utile, » dès lors, que les Puissances représentées au » Congrès manifestassent le désir de voir les trois » Cours protectrices prendre en mûre considération » la situation déplorable du Royaume qu'elles ont » créé, en avisant aux moyens d'y pourvoir? »

M.^r le Comte Walewski ne doute pas que Lord Clarendon ne se joigne à lui pour déclarer que les deux Gouvernements attendent avec impatience le moment où il leur sera permis de faire cesser une occupation à laquelle, cependant, ils ne sauraient mettre fin sans de très-sérieux inconvénients, tant qu'il ne sera pas apporté des modifications réelles dans l'état des choses en Grèce.

M.^r le premier Plénipotentiaire de la France rappelle ensuite que les États Pontificaux sont également dans une situation anormale; que la nécessité de ne pas laisser le pays livré à l'anarchie a déterminé la France, aussi bien que l'Autriche, à répondre à la demande du Saint Siége, en faisant occuper Rome par ses Troupes, tandis que les Troupes Autrichiennes occupaient les Légations.

Il expose que la France avait un double motif de déférer sans hésitation à la demande du Saint Siége, comme Puissance catholique et comme Puissance européenne. Le titre de Fils aîné de l'Église, dont le Souverain de la France se glorifie, fait un devoir à l'Empereur de prêter aide et soutien au souverain Pontife; la tranquillité des États Romains et celle de toute l'Italie touchent de trop près au maintien de l'ordre social en Europe pour que la France n'ait pas un intérêt majeur à l'assurer par tous les moyens en son pouvoir. Mais, d'un autre côté, on ne saurait méconnaître ce qu'il y a d'anormal dans la situation d'une Puissance qui, pour se maintenir, a besoin d'être soutenue par des Troupes étrangères.

M.^r le Comte Walewski n'hésite pas à déclarer, et il espère que M.^r le Comte de Buol s'associera à cette déclaration, que non seulement la France est prête à retirer ses Troupes, mais qu'elle désire vivement les rappeler aussitôt qu'on pourra le faire sans inconvénient pour la tranquillité intérieure du pays et pour l'autorité du Gouvernement Pontifical, à la prospérité duquel l'Empereur, son Auguste Souverain, prend le plus vif intérêt.

M.^r le premier Plénipotentiaire de la France représente combien il est à désirer, pour l'équilibre européen, que le Gouvernement Romain se consolide

10

assez fortement pour que les Troupes Françaises et Autrichiennes puissent évacuer, sans inconvénient, les États Pontificaux, et il croit qu'un vœu exprimé dans ce sens pourrait ne pas être sans utilité. Il ne doute pas, dans tous les cas, que les assurances, qui seraient données par la France et par l'Autriche sur leurs véritables intentions à cet égard, n'exercent une heureuse influence.

Poursuivant le même ordre d'idées, M.ʳ le Comte Walewski se demande s'il n'est pas à souhaiter que certains Gouvernements de la Péninsule Italique, par des actes de clémence bien entendus et en appelant à eux les esprits égarés et non pervertis, mettent fin à un système qui va directement contre son but, et qui, au lieu d'atteindre les ennemis de l'ordre public, a pour effet d'affaiblir les Gouvernements et de donner des partisans à la démagogie. Dans son opinion, ce serait rendre un service signalé au Gouvernement des Deux-Siciles, aussi bien qu'à la cause de l'ordre dans la Péninsule Italienne, que d'éclairer ce Gouvernement sur la fausse voie dans laquelle il s'est engagé. Il pense que des avertissements conçus dans ce sens et provenant des Puissances représentées au Congrès, seraient d'autant mieux accueillis par le Gouvernement Napolitain, que ce dernier ne saurait mettre en doute les motifs qui les auraient dictés.

M.ʳ le premier Plénipotentiaire de la France dit ensuite qu'il doit appeler l'attention du Congrès sur un sujet qui, bien que concernant plus particulièrement la France, n'est pas moins d'un grand intérêt pour toutes les Puissances européennes : Il croit superflu de dire qu'on imprime, chaque jour, en Belgique les publications les plus injurieuses, les plus hostiles contre la France et son Gouvernement; qu'on y prêche ouvertement la révolte et l'assassinat. Il rappelle que, récemment encore, des journaux Belges ont osé préconiser la société dite *La Marianne*, dont on sait les tendances et l'objet; que toutes ces publications sont autant de machines de guerre dirigées contre le repos et la tranquillité de la France par les ennemis de l'ordre social qui, forts de l'impunité qu'ils trouvent à l'abri de la législation Belge, conservent l'espoir de parvenir enfin à réaliser leurs coupables desseins.

M.ᵣ le Comte Walewski déclare que l'intention et l'unique désir du Gouvernement de l'Empereur sont de conserver les meilleurs rapports avec la Belgique : Il se hâte d'ajouter que la France n'a qu'à se louer du Gouvernement Belge et de ses efforts pour atténuer un état de choses qu'il n'est pas à même de changer, sa législation ne lui permettant ni de réprimer les excès de la presse, ni de prendre l'initiative d'une réforme devenue absolument indispensable. « Nous regretterions, dit-il, d'être obligés » de faire comprendre nous-mêmes à la Belgique la » nécessité rigoureuse de modifier une législation qui » ne permet pas à son Gouvernement de remplir » le premier des devoirs internationaux, celui de ne » pas porter atteinte et de ne pas laisser porter » atteinte à la tranquillité intérieure des États voisins. » Les représentations adressées par le plus fort au » moins fort ressemblent trop à la menace, et c'est » là ce que nous voulons éviter. Mais si les Repré- » sentants des Grandes Puissances de l'Europe, ap- » préciant, au même point de vue que nous, cette » nécessité, trouvaient utile d'émettre leur opinion » à cet égard, il est plus que probable que le Gou- » vernement Belge, s'appuyant sur tous les gens » raisonnables en Belgique, se trouverait en me- » sure de mettre fin à un état de choses qui peut » ne manquer tôt-ou-tard, de faire naître des dif- » ficultés et même des dangers réels qu'il est de » l'intérêt de la Belgique de conjurer d'avance. »

M.ᵣ le Comte Walewski propose au Congrès de terminer son œuvre par une déclaration qui constituerait un progrès notable dans le droit international et qui serait accueillie par le monde entier avec un sentiment de vive reconnaissance.

« Le Congrès de Westfalie, ajoute-t-il, a consacré » la liberté de conscience, le Congrès de Vienne » l'abolition de la traite des noirs et la liberté de » la navigation des fleuves.

» Il serait vraiment digne du Congrès de Paris » de poser les bases d'un droit maritime uniforme, » en temps de guerre, en ce qui concerne les neutres. » Les quatre principes suivants atteindraient com- » plètement ce but:

» 1.º Abolition de la course ;

» 2.º Le pavillon neutre couvre la marchandise » ennemie, excepté la contrebande de guerre ;

» 3.º La marchandise neutre, excepté la contre- » bande de guerre, n'est pas saisissable même sous » pavillon ennemi ;

» 4.º Les blocus ne sont obligatoires qu'autant » qu'ils sont effectifs.

» Ce serait, certes, là un beau résultat auquel » aucun de nous ne saurait être indifférent. »

M.ʳ le Comte de Clarendon, partageant les opinions émises par M.ʳ le Comte Walewski, déclare que comme la France, l'Angleterre entend rappeler les troupes qu'elle a été dans l'obligation d'envoyer en Grèce, dès qu'elle pourra le faire sans inconvénient pour la tranquillité publique ; mais qu'il faut, d'abord, combiner des garanties solides pour le maintien d'un ordre de choses satisfaisant. Selon lui, les Puissances protectrices pourront s'entendre sur le remède qu'il est indispensable d'apporter à un système préjudiciable au pays, et qui s'est complètement éloigné du but qu'elles s'étaient proposé en y établissant une monarchie indépendante pour le bien-être et la prospérité du peuple grec.

M.ʳ le premier Plénipotentiaire de la Grande Bretagne rappelle que le Traité du 3o mars ouvre une

ère nouvelle; qu'ainsi que l'Empereur le disait au
Congrès en le recevant après la signature du Traité,
cette ère est celle de la paix; mais que pour être
conséquents, on ne devait rien négliger pour rendre
cette paix solide et durable; que, représentant les
principales Puissances de l'Europe, le Congrès man-
querait à son devoir si, en se séparant, il consacrait,
par son silence, des situations qui nuisent à l'équilibre politique, et qui sont loin de mettre la paix
à l'abri de tout danger dans un des pays les plus
intéressants de l'Europe.

« Nous venons, continue M.ʳ le Comte de Cla-
» rendon, de pourvoir à l'évacuation des différents
» territoires occupés par les armées étrangères pen-
» dant la guerre; nous venons de prendre l'engage-
» ment solennel d'effectuer cette évacuation dans
» le plus bref délai; comment pourrions-nous ne
» pas nous préoccuper des occupations qui ont eu
» lieu avant la guerre, et nous abstenir de recher-
» cher les moyens d'y mettre fin ? »

M.ʳ le premier Plénipotentiaire de la Grande Bretagne ne croit pas utile de s'enquérir des causes
qui ont amené des armées étrangères sur plusieurs
points de l'Italie; mais il pense qu'en admettant même
que ces causes étaient légitimes, il n'est pas moins
vrai, dit-il, qu'il en resulte un état anormal, irré-
gulier, qui ne peut être justifié que par une nécessité extrême, et qui doit cesser dès que cette
nécessité ne se fait plus impérieusement sentir; que,
cependant, si on ne travaille pas à mettre un terme
à cette nécessité, elle continuera d'exister; que, si
on se contente de s'appuyer sur la force armée, au
lieu de chercher à porter remède aux justes causes
du mécontentement, il est certain qu'on rendra permanent un système peu honorable pour les gouvernements et regrettable pour les peuples. Il pense
que l'administration des États Romains offre des
inconvénients d'où peuvent naître des dangers que

le Congrès a le droit de chercher à conjurer; que les négliger, ce serait s'exposer à travailler au profit de la révolution que tous les gouvernements condamnent et veulent prévenir. Le problème, qu'il est urgent de résoudre, consiste à combiner, croit-il, la retraite des troupes étrangères avec le maintien de la tranquillité, et cette solution repose dans l'organisation d'une administration qui, en faisant renaître la confiance, rendrait le gouvernement indépendant de l'appui étranger; cet appui ne réussissant jamais à maintenir un gouvernement auquel le sentiment public est hostile, il en résulterait, dans son opinion, un rôle que la France et l'Autriche ne voudraient pas accepter pour leurs armées. Pour le bien-être des États Pontificaux, comme dans l'intérêt de l'autorité souveraine du Pape, il serait donc utile, selon lui, de recommander la sécularisation du gouvernement et l'organisation d'un système administratif en harmonie avec l'esprit du siècle et ayant pour but le bonheur du peuple. Il admet que cette réforme présenterait peut-être à Rome même, en ce moment, certaines difficultés, mais il croit qu'elle pourrait s'accomplir facilement dans les Légations.

M.r le premier Plénipotentiaire de la Grande Bretagne fait remarquer que, depuis huit ans, Bologne est en état de siège, et que les campagnes sont tourmentées par le brigandage : on peut espérer, pense-t-il, qu'en constituant, dans cette partie des États Romains, un régime administratif et judiciaire à la fois laïque et séparé, et qu'en y organisant une force armée nationale, la sécurité et la confiance s'y rétabliraient rapidement et que les troupes autrichiennes pourraient se retirer avant peu sans qu'on eût à redouter le retour de nouvelles agitations; c'est, du moins, une expérience qu'à son sens on devrait tenter, et ce remède, offert à des maux incontestables, devrait être soumis par le Congrès à la sérieuse considération du Pape.

En ce qui concerne le Gouvernement Napolitain,
M.ʳ le premier Plénipotentiaire de la Grande Bretagne désire imiter l'exemple que lui a donné M.ʳ
le Comte Walewski, en passant sous silence des
actes qui ont eu un si fâcheux retentissement. Il
est d'avis qu'on doit, sans nul doute, reconnaître,
en principe, qu'aucun Gouvernement n'a le droit
d'intervenir dans les affaires intérieures des autres
États ; mais il croit qu'il est des cas où l'exception
à cette règle devient également un droit et un
devoir. Le Gouvernement Napolitain lui semble
avoir conféré ce droit et imposé ce devoir à l'Europe ; et, puisque les Gouvernements représentés
au Congrès veulent tous, au même degré, soutenir
le principe monarchique et repousser la révolution,
on doit élever la voix contre un système qui entretient au sein des masses, au lieu de chercher à
l'apaiser, l'effervescence révolutionnaire. « Nous ne
» voulons pas, dit-il, que la paix soit troublée, et
» il n'y a pas de paix sans justice ; nous devons
» donc faire parvenir au Roi de Naples le vœu du
» Congrès pour l'amélioration de son système de
» gouvernement, vœu qui ne saurait rester stérile,
» et lui demander une amnistie en faveur des per-
» sonnes qui ont été condamnées, ou qui sont dé-
» tenues sans jugement pour délits politiques. »
Quant aux observations présentées par M.ʳ le
Comte Walewski sur les excès de la presse belge,
et les dangers qui en résultent pour les pays limitrophes, les Plénipotentiaires de l'Angleterre en reconnaissent l'importance ; mais, représentants d'un
pays où une presse libre et indépendante est, pour
ainsi dire, une des institutions fondamentales, ils
ne sauraient s'associer à des mesures de coërcition
contre la presse d'un autre État. M.ʳ le premier
Plénipotentiaire de la Grande Bretagne, en déplo-
rant la violence à laquelle se livrent certains or-
ganes de la presse belge, n'hésite pas à déclarer

que les auteurs des exécrables doctrines auxquelles
faisait allusion M.ʳ le Comte Walewski, que les
hommes qui prêchent l'assassinat comme moyen
d'atteindre un but politique, sont indignes de la
protection qui garantit à la presse sa liberté et son
indépendance.

En terminant, M.ʳ le Comte de Clarendon rappelle qu'ainsi que la France, l'Angleterre, au com-
mencement de la guerre, a cherché, par tous les
moyens, à en atténuer les effets, et que, dans ce
but, elle a renoncé, au profit des neutres, durant
la lutte qui vient de cesser, à des principes qu'elle
avait, jusque là, invariablement maintenus. Il ajoute
que l'Angleterre est disposée à y renoncer définitivement pourvu que la course soit également abolie
pour toujours; que la course n'est autre chose qu'une
piraterie organisée et légale, et que les corsaires
sont un des plus grands fléaux de la guerre, et que
notre état de civilisation et d'humanité exige qu'il
soit mis fin à un système qui n'est plus de notre
temps. Si le Congrès tout entier se ralliait à la proposition de M.ʳ le Comte Walewski, il serait bien
entendu qu'elle n'engagerait qu'à l'égard des Puissances qui y auraient accédé, et qu'elle ne pourrait
être invoquée par les Gouvernements qui auraient
refusé de s'y associer.

M.ʳ le Comte Orloff fait observer que les pouvoirs, dont il a été muni, ayant pour objet unique
le rétablissement de la paix, il ne se croit pas autorisé à prendre part à une discussion que ses
instructions n'ont pas pu prévoir.

M.ʳ le Comte de Buol se félicite de voir les Gouvernements de France et d'Angleterre disposés à
mettre fin aussi promptement que possible à l'occupation de la Grèce. L'Autriche, assure-t-il, forme
les vœux les plus sincères pour la prospérité de ce
Royaume, et elle désire également, comme la France,
que tous les pays de l'Europe jouissent, sous la

protection du droit public, de leur indépendance politique et d'une complète prospérité. Il ne doute pas qu'une des conditions essentielles d'un état de choses aussi désirable ne réside dans la sagesse d'une législation combinée de manière à prévenir ou à réprimer les excès de la presse que M.ʳ le Comte Walewski a blâmés avec tant de raison en parlant d'un État voisin, et dont la répression doit être considérée comme un besoin européen. Il espère que, dans tous les États continentaux où la presse offre les mêmes dangers, les Gouvernements sauront trouver dans leur législation les moyens de la contenir dans de justes limites, et qu'ils parviendront ainsi à mettre la paix à l'abri de nouvelles complications internationales.

En ce qui concerne les principes de droit maritime dont M.ʳ le premier Plénipotentiaire de la France a proposé l'adoption, M.ʳ le Comte de Buol déclare qu'il en apprécie l'esprit et la portée, mais que n'étant pas autorisé par ses instructions à donner un avis sur une matière aussi importante, il doit se borner, pour le moment, à annoncer au Congrès qu'il est prêt à solliciter les ordres de son Souverain.

Mais ici, dit-il, sa tâche doit finir. Il lui serait impossible, en effet, de s'entretenir de la situation intérieure d'États indépendants qui ne se trouvent pas représentés au Congrès. Les Plénipotentiaires n'ont reçu d'autre mission que celle de s'occuper des affaires du Levant, et n'ont pas été convoqués pour faire connaître à des Souverains indépendants des vœux relatifs à l'organisation intérieure de leur pays : les pleins pouvoirs déposés aux actes du Congrès en font foi. Les instructions des Plénipotentiaires Autrichiens, dans tous les cas, ayant défini l'objet de la mission qui leur a été confiée, il ne leur serait pas permis de prendre part à une discussion qu'elles n'ont pas prévue.

Pour les mêmes motifs, M.^r le Comte de Buol croit devoir s'abstenir d'entrer dans l'ordre d'idées abordé par M.^r le premier Plénipotentiaire de la Grande Bretagne, et de donner des explications sur la durée de l'occupation des États Romains par les troupes Autrichiennes, tout en s'associant, cependant et complètement, aux paroles prononcées par le premier Plénipotentiaire de la France à ce sujet.

M.^r le Comte Walewski fait remarquer qu'il ne s'agit ni d'arrêter des résolutions définitives, ni de prendre des engagements, encore moins de s'immiscer directement dans les affaires intérieures des Gouvernements représentés ou non représentés au Congrès, mais uniquement de consolider, de compléter l'œuvre de la paix en se préoccupant d'avance des nouvelles complications qui pourraient surgir soit de la prolongation indéfinie ou non justifiée de certaines occupations étrangères, soit d'un système de rigueur inopportun et impolitique, soit d'une licence perturbatrice contraire aux devoirs internationaux.

M.^r le Baron de Hübner répond que les Plénipotentiaires de l'Autriche ne sont autorisés ni à donner une assurance ni à exprimer des vœux. La réduction de l'Armée Autrichienne dans les Légations dit assez, selon lui, que le Cabinet Impérial a l'intention de rappeler ses troupes, dès qu'une semblable mesure sera jugée opportune.

M.^r le Baron de Manteuffel déclare connaître assez les intentions du Roi son Auguste Maître, pour ne pas hésiter à exprimer son opinion, quoiqu'il n'ait pas d'instructions à ce sujet, sur les questions dont le Congrès a été saisi.

Les principes maritimes, dit M.^r le premier Plénipotentiaire de la Prusse, que le Congrès est invité à s'approprier, ont toujours été professés par la Prusse qui s'est constamment appliquée à les faire prévaloir; et il se considère comme autorisé à pren-

dre part à la signature de tout acte ayant pour
objet de les faire admettre définitivement dans le
droit public européen. Il exprime la conviction que
son Souverain ne refuserait pas son approbation à
l'accord qui s'établirait, dans ce sens, entre les Plénipotentiaires.

M.ᵣ le Baron de Manteuffel ne méconnaît nullement la haute importance des autres questions qui
ont été débattues; mais il fait observer qu'on a
passé sous silence une affaire d'un intérêt majeur
pour sa Cour et pour l'Europe: il veut parler de la
situation actuelle de Neuchâtel. Il fait remarquer
que cette principauté est peut-être le seul point en
Europe où, contrairement aux traités et à ce qui
a été formellement reconnu par toutes les Grandes
Puissances, domine un pouvoir révolutionnaire qui
méconnaît les droits du Souverain. M.ᵣ le Baron de
Manteuffel demande que cette question soit comprise
au nombre de celles qui devraient être examinées.
Il ajoute que le Roi, son Souverain, appelle, de
tous ses vœux, la prospérité du Royaume de Grèce,
et qu'il désire ardemment voir disparaître les causes
qui ont amené la situation anormale créée par la
présence des troupes étrangères; il admet, toutefois,
qu'il pourrait y avoir lieu d'examiner des faits de
nature à présenter cette affaire sous son véritable jour.

Quant aux démarches qu'on jugerait utile de faire
en ce qui concerne l'état des choses dans le Royaume
des Deux-Siciles, M.ᵣ le Baron de Manteuffel fait
observer que ces démarches pourraient offrir des
inconvénients divers. Il dit qu'il serait bon de se
demander si des avis, de la nature de ceux qui ont
été proposés, ne susciteraient pas dans le pays un
esprit d'opposition et des mouvements révolution-
naires, au lieu de répondre aux idées qu'on aurait
eu en vue de réaliser dans une intention certainement bienveillante. Il ne croit pas devoir entrer
dans l'examen de la situation actuelle des États

Pontificaux: Il se borne à exprimer le désir qu'il soit possible de placer ce Gouvernement dans des conditions qui rendraient désormais superflue l'occupation par des troupes étrangères. M.^r le Baron de Manteuffel termine en déclarant que le Cabinet Prussien reconnaît parfaitement la funeste influence qu'exerce la presse subversive de tout ordre régulier, et les dangers qu'elle sème en prêchant le régicide et la révolte; il ajoute que la Prusse participerait volontiers à l'examen des mesures qu'on jugerait convenables pour mettre un terme à ces menées.

M.^r le Comte de Cavour n'entend pas contester le droit qu'a tout Plénipotentiaire de ne pas prendre part à la discussion d'une question qui n'est pas prévue par ses instructions: il est, cependant, croît-il, de la plus haute importance que l'opinion, manifestée par certaines Puissances sur l'occupation des États Romains, soit constatée au protocole.

M.^r le premier Plénipotentiaire de la Sardaigne expose que l'occupation des États Romains, par les Troupes Autrichiennes, prend, tous les jours, davantage un caractère permanent; qu'elle dure depuis sept ans, et que, cependant, on n'aperçoit aucun indice qui puisse faire supposer qu'elle cessera dans un avenir plus ou moins prochain; que les causes, qui y ont donné lieu, subsistent toujours; que l'état du pays qu'elles occupent ne s'est, certes, pas amélioré, et que, pour s'en convaincre, il suffit de remarquer que l'Autriche se croit dans la nécessité de maintenir, dans toute sa rigueur, l'état de siège à Bologne, bien qu'il date de l'occupation elle-même. Il fait remarquer que la présence des Troupes Autrichiennes, dans les Légations et dans le Duché de Parme, détruit l'équilibre politique en Italie, et constitue, pour la Sardaigne, un véritable danger. Les Plénipotentiaires de la Sardaigne, dit-il, croient donc devoir signaler à l'attention de l'Europe un état de choses aussi anormal que celui qui résulte de l'occupation indéfinie d'une, grande partie de l'Italie par les Troupes Autrichiennes.

Quant à la question de Naples, M.ʳ de Cavour partage entièrement les opinions énoncées par M.ʳ le Comte Walewski et par M.ʳ le Comte de Clarendon, et il pense qu'il importe au plus haut degré de suggérer des tempéraments qui, en apaisant les passions, rendraient moins difficile la marche régulière des choses dans les autres États de la Péninsule.

M.ʳ le Baron de Hübner dit, de son côté, que M.ʳ le premier Plénipotentiaire de la Sardaigne a parlé seulement de l'occupation Autrichienne et gardé le silence sur celle de la France ; que les deux occupations ont, cependant, eu lieu à la même époque et dans le même but ; qu'on ne saurait admettre l'argument que M.ʳ le Comte de Cavour a tiré de la permanence de l'état de siège à Bologne ; que si un état exceptionnel est encore nécessaire dans cette ville, tandis qu'il a cessé depuis longtemps à Rome et à Ancône, cela semble, tout au plus, prouver que les dispositions des populations de Rome et d'Ancône sont plus satisfaisantes que celles de la ville de Bologne. Il rappelle qu'il n'y a pas seulement que les États Romains, en Italie, qui soient occupés par des troupes étrangères ; que les communes de Menton et de Roquebrune, faisant partie de la Principauté de Monaco, sont, depuis huit ans, occupées par la Sardaigne, et que la seule différence qu'il y a entre les deux occupations, c'est que les Autrichiens et les Français ont été appelés par le Souverain du pays, tandis que les Troupes Sardes ont pénétré sur le territoire du Prince de Monaco, contrairement à ses vœux, et qu'elles s'y maintiennent malgré les réclamations du Souverain de ce pays.

Répondant à M.ʳ le Baron de Hübner, M.ʳ le Comte de Cavour dit qu'il désire voir cesser l'occupation Française aussi bien que l'occupation Autrichienne ; mais qu'il ne peut s'empêcher de con-

158

sidérer l'une comme bien autrement dangereuse que l'autre pour les États indépendants de l'Italie. Il ajoute qu'un faible corps d'armée, à une grande distance de la France, n'est menaçant pour personne, tandis qu'il est fort inquiétant de voir l'Autriche, appuyée sur Ferrare et sur Plaisance dont elle étend les fortifications contrairement à l'esprit, sinon à la lettre, des Traités de Vienne, s'étendre le long de l'Adriatique jusqu'à Ancône.

Quant à Monaco, M.ʳ le Comte de Cavour déclare que la Sardaigne est prête à faire retirer les cinquante hommes qui occupent Menton, si le Prince est en état de rentrer dans ce pays sans s'exposer aux plus graves dangers. Au reste, il ne croit pas qu'on puisse accuser la Sardaigne d'avoir contribué au renversement de l'ancien Gouvernement afin d'occuper ces États, puisque le Prince n'a pu conserver son autorité que dans la seule ville de Monaco que la Sardaigne occupait, en 1848, en vertu des traités.

M.ʳ le Baron de Brunnow croit devoir signaler une circonstance particulière, c'est que l'occupation de la Grèce par les troupes alliées a eu lieu pendant la guerre, et que les relations se trouvant heureusement rétablies entre les trois Cours protectrices, le moment est venu de se concerter sur les moyens de revenir à une situation conforme à l'intérêt commun. Il assure que les Plénipotentiaires de la Russie ont recueilli avec satisfaction et qu'ils transmettront avec empressement à leur Gouvernement les dispositions qui ont été manifestées, à cet égard, par Messieurs les Plénipotentiaires de la France et de la Grande Bretagne, et que la Russie s'associera volontiers, dans un but de conservation et en vue d'améliorer l'état de choses existant en Grèce, à toutes les mesures qui sembleraient propres à réaliser l'objet qu'on s'est proposé en fondant le Royaume Hellénique.

Messieurs les Plénipotentiaires de la Russie ajoutent

qu'ils prendront les ordres de leur Cour sur la proposition soumise au Congrès relativement au droit maritime.

M.ʳ le Comte Walewski se félicite d'avoir engagé les Plénipotentiaires à échanger leurs idées sur les questions qui ont été discutées. Il avait pensé qu'on aurait pu, utilement peut-être, se prononcer d'une manière plus complète sur quelques-uns des sujets qui ont fixé l'attention du Congrès. Mais tel quel, dit-il, l'échange d'idées, qui a eu lieu, n'est pas sans utilité.

M.ʳ le premier Plénipotentiaire de la France établit qu'il en ressort, en effet,

1.° Que personne n'a contesté la nécessité de se préoccuper mûrement d'améliorer la situation de la Grèce, et que les trois Cours protectrices ont reconnu l'importance de s'entendre entre elles à cet égard;

2.° Que les Plénipotentiaires de l'Autriche se sont associés au vœu exprimé par les Plénipotentiaires de la France de voir les États Pontificaux évacués par les Troupes Françaises et Autrichiennes, aussitôt que faire se pourra sans inconvénient pour la tranquillité du pays et pour la consolidation de l'autorité du Saint-Siége;

3.° Que la plupart des Plénipotentiaires n'ont pas contesté l'efficacité qu'auraient des mesures de clémence prises d'une manière opportune par les Gouvernements de la Péninsule Italienne et surtout par celui des Deux-Siciles;

4.° Que tous les Plénipotentiaires, et même ceux qui ont cru devoir réserver le principe de la liberté de la presse, n'ont pas hésité à flétrir hautement les excès auxquels les journaux belges se livrent impunément, en reconnaissant la nécessité de remédier aux inconvénients réels qui résultent de la licence effrénée dont il est fait un si grand abus en Belgique;

Qu'enfin l'accueil, fait par tous les Plénipoten-

tiaires à l'idée de clôre leurs travaux par une déclaration de principes en matière de droit maritime,
doit faire espérer qu'à la prochaine séance ils auront reçu de leurs Gouvernements respectifs l'autorisation d'adhérer à un acte qui, en couronnant
l'œuvre du Congrès de Paris, réaliserait un progrès
digne de notre époque.

(Suivent les signatures).

Certifié conforme à l'original.

Annexe au Protocole N.º XXII.

DÉCLARATION.

Les Plénipotentiaires, qui ont signé le Traité de
Paris du trente mars mil-huit-cent-cinquante-six,
réunis en conférence,

Considérant :

Que le droit maritime, en temps de guerre, a
été, pendant longtemps, l'objet de contestations
regrettables ;

Que l'incertitude du droit et des devoirs, en pareille
matière, donne lieu, entre les neutres et les belligérants, à des divergences d'opinion qui peuvent faire
naître des difficultés sérieuses et même des conflits;

Qu'il y a avantage, par conséquence, à établir une
doctrine uniforme sur un point aussi important ;

Que les Plénipotentiaires assemblés au Congrès
de Paris ne sauraient mieux répondre aux intentions, dont leurs Gouvernements sont animés,
qu'en cherchant à introduire dans les rapports internationaux des principes fixes à cet égard ;

Dûment autorisés, les susdits Plénipotentiaires
sont convenus de se concerter sur les moyens d'atteindre ce but, et, étant tombés d'accord, ont arrêté la déclaration solennelle ci-après :

1.° La course est et demeure abolie ;

2.° Le pavillon neutre couvre la marchandise ennemie, à l'exception de la contrebande de guerre;

3.° La marchandise neutre, à l'exception de la
contrebande de guerre, n'est pas saisissable sous
pavillon ennemi ;

4.° Les blocus, pour être obligatoires, doivent
être effectifs, c'est-à-dire maintenus par une force
suffisante pour interdire réellement l'accès du littoral de l'ennemi.

Les Gouvernements des Plénipotentiaires soussignés
s'engagent à porter cette Déclaration à la connaissance
des États qui n'ont pas été appelés à participer au
Congrès de Paris, et à les inviter à y accéder.

Convaincus que les maximes qu'ils viennent de
proclamer ne sauraient être accueillies qu'avec gratitude par le monde entier, les Plénipotentiaires
soussignés ne doutent pas que les efforts de leurs
Gouvernements pour en généraliser l'adoption ne
soient couronnés d'un plein succès.

La présente Déclaration n'est et ne sera obliga-
toire qu'entre les Puissances qui y ont ou qui y
auront accédé.

Fait à Paris le seize avril mil-huit-cent-cinquante-six.

Signé : BUOL SCHAUENSTEIN HÜBNER.
» A. WALEWSKI BOURQUENEY.
» CLARENDON COWLEY.
» MANTEUFFEL HATZFELDT.
» ORLOFF BRUNNOW.
» C. CAVOUR DE VILLAMARINA.
» AALI MEHEMMED DJÉMIL.

Pour copie conforme à la Déclaration originale
déposée aux archives du département des affaires
étrangères de France.

Le Ministre des affaires étrangères
A. WALEWSKI.

Protocole N.º XXIII.

Séance du 11 avril 1856.

Présents :

Les Plénipotentiaires *de l'Autriche*,
  »   *de la France*,
  »   *de la Grande Bretagne*,
  »   *de la Prusse*,
  »   *de la Russie*,
  »   *de la Sardaigne*,
  »   *de la Turquie*.

Le protocole de la séance précédente et son annexe sont lus et approuvés.

M.ʳ le Comte Walewski rappelle qu'il reste au Congrès à se prononcer sur le projet de déclaration dont il a indiqué les bases dans la dernière réunion; et demande aux Plénipotentiaires qui s'étaient réservé de prendre les ordres de leurs Cours respectives, à cet égard, s'ils sont autorisés à y donner leur assentiment.

M.ʳ le Comte de Buol déclare que l'Autriche se félicite de pouvoir concourir à un acte dont elle reconnaît la salutaire influence, et qu'il a été muni des pouvoirs nécessaires pour y adhérer.

M.ʳ le Comte Orloff s'exprime dans le même sens; il ajoute, toutefois, qu'en adoptant la proposition faite par M.ʳ le premier Plénipotentiaire de la France, sa Cour ne saurait s'engager à maintenir le principe de l'abolition de la course et à le défendre, contre des Puissances qui ne croiraient pas devoir y accéder.

Messieurs les Plénipotentiaires de la Prusse, de

la Sardaigne et de la Turquie ayant également donné
leur assentiment, le Congrès adopte le projet de
rédaction annexé au présent protocole et en renvoie la signature à la prochaine réunion.

M.ʳ le Comte de Clarendon, ayant demandé la
permission de présenter au Congrès une proposition qui lui semble devoir être favorablement accueillie, dit que les calamités de la guerre sont
encore trop présentes à tous les esprits pour qu'il
n'y ait pas lieu de rechercher tous les moyens qui
seraient de nature à en prévenir le retour; qu'il a
été inséré à l'article 7 du Traité de paix une stipulation qui recommande de recourir à l'action
médiatrice d'un État ami avant d'en appeler à la
force, en cas de dissentiment entre la Porte et
l'une ou plusieurs des autres Puissances signataires.

M.ʳ le premier Plénipotentiaire de la Grande
Bretagne pense que cette heureuse innovation pourrait recevoir une application plus générale et devenir ainsi une barrière opposée à des conflits qui,
souvent, n'éclatent que parcequ'il n'est pas toujours
possible de s'expliquer et de s'entendre.

Il propose donc de se concerter sur une résolution propre à assurer, dans l'avenir, au maintien
de la paix cette chance de durée, sans, toutefois,
porter atteinte à l'indépendance des Gouvernements.

M.ʳ le Comte Walewski se déclare autorisé à
appuyer l'idée émise par M.ʳ le premier Plénipotentiaire de la Grande Bretagne; il assure que les
Plénipotentiaires de la France sont tout disposés à
s'associer à l'insertion au protocole d'un vœu qui,
en répondant pleinement aux tendances de notre
époque, n'entraverait, d'aucune façon, la liberté
d'action des Gouvernements.

M.ʳ le Comte de Buol n'hésiterait pas à se joindre
à l'avis des Plénipotentiaires de la Grande Bretagne
et de la France, si la résolution du Congrès doit
avoir la forme indiquée par M.ʳ le Comte Walewski;

164

mais il ne saurait prendre, au nom de sa Cour, un engagement absolu et de nature à limiter l'indépendance du Cabinet Autrichien.

M.ʳ le Comte de Clarendon répond que chaque Puissance est et sera seule juge des exigences de son honneur et de ses intérêts; qu'il n'entend nullement circonscrire l'autorité des Gouvernements, mais seulement leur fournir l'occasion de ne pas recourir aux armes, toutes les fois que les dissentiments pourront être aplanis par d'autres voies.

M.ʳ le Baron de Manteuffel assure que le Roi, son Auguste Maître, partage complètement les idées exposées par M.ʳ le Comte de Clarendon; qu'il se croit donc autorisé à y adhérer et à leur donner tout le développement qu'elles comportent.

M.ʳ le Comte Orloff, tout en reconnaissant la sagesse de la proposition faite au Congrès, croit devoir en référer à sa Cour avant d'exprimer l'opinion des Plénipotentiaires de la Russie.

M.ʳ le Comte de Cavour désire savoir, avant de donner son opinion, si, dans l'intention de l'auteur de la proposition, le vœu, qui serait exprimé par le Congrès, s'étendrait aux interventions militaires dirigées contre des Gouvernements de fait, et cite, comme exemple, l'intervention de l'Autriche dans le Royaume de Naples en 1821.

Lord Clarendon répond que le vœu du Congrès devrait admettre l'application la plus générale; il fait remarquer que, si les bons offices d'une autre Puissance avaient déterminé le Gouvernement Grec à respecter les lois de la neutralité, la France et l'Angleterre se seraient très-probablement abstenues de faire occuper le Pirée par leurs troupes; il rappelle les efforts faits par le Cabinet de la Grande Bretagne, en 1823, pour prévenir l'intervention armée qui eut lieu, à cette époque, en Espagne.

M.ʳ le Comte Walewski ajoute qu'il ne s'agit ni de stipuler un droit, ni de prendre un engagement; que le vœu exprimé par le Congrès ne saurait, en aucun cas, opposer des limites à la liberté d'appréciation qu'aucune Puissance ne peut aliéner dans les questions qui touchent à sa dignité; qu'il n'y a donc aucun inconvénient à généraliser l'idée dont s'est inspiré M.ʳ le Comte de Clarendon, et à lui donner la portée la plus étendue.

M.ʳ le Comte de Buol dit que M.ʳ le Comte de Cavour, en parlant, dans une autre séance, de l'occupation des Légations par des Troupes Autrichiennes, a oublié que d'autres Troupes étrangères ont été appelées sur le sol des États Romains. Aujourd'hui, en parlant de l'occupation par l'Autriche du Royaume de Naples en 1821, il oublie que cette occupation a été le résultat d'une entente entre les cinq Grandes Puissances réunies au Congrès de Laybac. Dans les deux cas, il attribue à l'Autriche le mérite d'une initiative et d'une spontanéité que les Plénipotentiaires Autrichiens sont loin de revendiquer pour elle.

L'intervention, rappelée par le Plénipotentiaire de la Sardaigne, a eu lieu, ajoute-t-il, à la suite des pourparlers du Congrès de Laybach; elle rentre donc dans l'ordre d'idées énoncé par Lord Clarendon. Des cas semblables pourraient encore se reproduire, et M.ʳ le Comte de Buol n'admet pas qu'une intervention, effectuée par suite d'un accord établi entre les cinq Grandes Puissances, puisse devenir l'objet des réclamations d'un État de second ordre.

M.ʳ le Comte de Buol applaudit à la proposition telle que Lord Clarendon l'a présentée, dans un but d'humanité; mais il ne pourrait y adhérer, si on voulait lui donner une trop grande étendue, ou en déduire des conséquences favorables aux Gouvernements de fait et à des doctrines qu'il ne saurait admettre.

Il désire, au reste, que le Congrès, au moment même de terminer ses travaux, ne se voie pas ob-

ligé de traiter des questions irritantes et de nature
à troubler la parfaite harmonie qui n'a cessé de
régner parmi les Plénipotentiaires.

M.ʳ le Comte de Cavour déclare qu'il est pleinement satisfait des explications qu'il a provoquées,
et qu'il donne son adhésion à la proposition soumise au Congrès.

Après quoi, Messieurs les Plénipotentiaires n'hésitent pas à exprimer, au nom de leurs Gouvernements, le vœu que les États, entre lesquels
s'éleverait un dissentiment sérieux, avant d'en appeler aux armes, eussent recours, en tant que les
circonstances l'admettraient, aux bons offices d'une
Puissance amie.

Messieurs les Plénipotentiaires espèrent que les
Gouvernements non représentés au Congrès s'asso-
cieront à la pensée qui a inspiré le vœu consigné
au présent protocole.

(Suivent les signatures).

Certifié conforme à l'original.

Protocole N.º XXIV.

Séance du 16 avril 1856.

Présents :

Les Plénipotentiaires *de l'Autriche ,*
»   *de la France ,*
»   *de la Grande Bretagne ,*
»   *de la Prusse ,*
»   *de la Russie ,*
»   *de la Sardaigne ,*
»   *de la Turquie.*

Le protocole de la précédente séance est lu et approuvé.

M.ʳ le Comte Orloff annonce qu'il est en mesure, en vertu des instructions de sa Cour, d'adhérer définitivement au vœu consigné à l'avant-dernier paragraphe du Protocole N.º XXIII.

Il est donné lecture du projet de déclaration annexé au protocole de la dernière réunion ; après quoi, et ainsi qu'ils l'avaient décidé, Messieurs les Plénipotentiaires procèdent à la signature de cet acte.

Sur la proposition de M.ʳ le Comte Walewski, et reconnaissant qu'il est de l'intérêt commun de maintenir l'indivisibilité des quatre principes mentionnés à la déclaration signée en ce jour, Messieurs les Plénipotentiaires conviennent que les Puissances qui l'auront signée, ou qui y auront accédé, ne pourront entrer, à l'avenir, sur l'application du droit des neutres en temps de guerre, en aucun arrangement qui ne repose à la fois sur les quatre principes objet de ladite déclaration.

Sur une observation faite par Messieurs les Plénipotentiaires de la Russie, le Congrès reconnaît que la présente résolution, ne pouvant avoir d'effet rétroactif, ne saurait invalider les Conventions antérieures.

M.^r le Comte Orloff propose à Messieurs les Plénipotentiaires d'offrir, avant de se séparer, à M.^r le Comte Walewski tous les remerciements du Congrès pour la manière dont il a conduit ses travaux: « M.^r le » Comte Walewski formait, dit-il, à l'ouverture de » notre première réunion, le vœu de voir nos dé- » libérations aboutir à une heureuse issue; ce vœu » se trouve réalisé, et assurément l'esprit de con- » ciliation, avec lequel notre Président a dirigé nos » discussions, a exercé une influence que nous ne » saurions trop reconnaître, et je suis convaincu de » répondre aux sentiments de tous les Plénipoten- » tiaires en priant M.^r le Comte Walewski d'agréer » l'expression de la gratitude du Congrès. »

M.^r le Comte de Clarendon appuie cette proposition qui est accueillie avec un empressement unanime par tous les Plénipotentiaires, lesquels décident d'en faire une mention spéciale au protocole.

M.^r le Comte Walewski répond qu'il est extrêmement sensible au témoignage bienveillant, dont il vient d'être l'objet; et, de son côté, il s'empresse d'exprimer à Messieurs les Plénipotentiaires sa reconnaissance pour l'indulgence dont il n'a cessé de recueillir les preuves pendant la durée des conférences. Il se félicite avec eux d'avoir si heureusement et si complètement atteint le but proposé à leurs efforts.

Le présent protocole est lu et approuvé.

(Suivent les signatures).

Certifié conforme à l'original.

www.ingramcontent.com/pod-product-compliance
Lightning Source LLC
Chambersburg PA
CBHW050119210326
41519CB00015BA/4031